KB200456

햇살콩 필사묵상노트

개역
개정

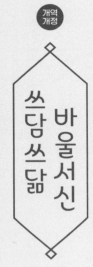

바울서신
쓰담쓰담

갈 · 엡 · 빌 · 골 · 살전 · 살후

쓰고 쓰고
담다 닦아가다

규장

'쓰담쓰닮' 필사묵상노트 시리즈를 펴내며

하나님 말씀은 살아있어 운동력 있는 '생명의 말씀'입니다.

책을 빠르게 넘기지 말고
한 구절 한 구절 천천히 읽고 필사하면서
생명력 있는 하나님 말씀을 마음에 담으세요.
"쓰고 담으세요!"

정성껏 새기며 깊이 묵상할 때
내 삶에 말씀이 숨쉬고
그분을 닮아가는 은혜가 깃듭니다.
"쓰고 닮아가세요!"

성경 쓰기를 통해
하나님과 일대일로 만나는 깊은 교제의 시간을 가지며
여러분의 신앙을 지켜가길 기도합니다.

"쓰담쓰닮"
하나님의 말씀이 당신을 위로하고
당신의 삶에 등불이 됨을 경험하십시오.

주의 말씀은 내 발에 등이요 내 길에 빛이니이다 시 119:105

필사를 시작하며

1. 말씀을 쓰기 전에 성령님의 도우심을 구하며 기도하세요.

보혜사 곧 아버지께서 내 이름으로 보내실 성령 그가 너희에게 모든 것을 가르치고
내가 너희에게 말한 모든 것을 생각나게 하리라 요 14:26

2. 말씀을 천천히 소리 내어 읽으며 필사하세요.

나의 반석이시요 나의 구속자이신 여호와여 내 입의 말과 마음의 묵상이
주님 앞에 열납되기를 원하나이다 시 19:14

3. 필사한 말씀을 묵상하고 삶에 적용하세요.

여호와의 교훈은 정직하여 마음을 기쁘게 하고 여호와의 계명은 순결하여
눈을 밝게 하시도다 시 19:8

4. 말씀을 쓰고 난 후 기도로 마무리하세요.

하나님의 말씀과 기도로 거룩하여짐이라 딤전 4:5

5. 필사하며 받은 은혜를 다른 이에게도 흘려보내세요.

오직 선을 행함과 서로 나누어주기를 잊지 말라 하나님은 이같은 제사를
기뻐하시느니라 히 13:16

쓰담쓰담 필사묵상노트 활용법

◇ 한 장이 끝나면, 햇살콩 묵상을 천천히 읽어주세요.

◇ 필사하면서 마음에 남는 구절을 깊이 묵상하며 하나님이 부어주시는 마음과
삶에 적용하고픈 내용을 '나의 묵상' 공간에 기록하세요.

◇ 묵상을 마치면 캘리그라피를 따라 쓰며 말씀을 마음에 한 번 더 새기세요.

◇ 햇살콩 일러스트와 말씀 구절을 통해 잠잠히 묵상하는 시간을 가져보세요.

갈라디아서 Galatians

율법으로부터의 자유, 진리 안에서의 자유를 선포하는
기독교 자유 대헌장. 그리스도인은 율법의 행위가 아니라
믿음으로 구원을 얻게 됨을 명확히 하며,
하나님께서는 종교적 규칙과 규율로 억눌린 신앙생활이 아니라
하나님 안에서 자유를 누리는 삶을 살기를
원하신다는 것을 밝히 보여준다.
진정한 자유는 서로에게 사랑의 종이 될 때 완성된다.
우리는 갈라디아서를 통해 그리스도인의 참 자유를 배울 수 있다.

복음의 신적 기원	율법과 복음의 상관관계	성도의 자유로운 삶
바울의 권위(1:1–2:21)	바울이 전한 복음(3:1–4:31)	바울의 윤리(5:1–6:18)
복음의 신적 기원 바울의 사도권이 인정받음	율법의 행위와 복음 율법보다 우월한 약속 계집종과 자유 있는 여자	그리스도 안에서의 자유 성령을 좇아 사는 삶 유일한 자랑거리 '십자가'

－《포커스성경》(대한기독교서회) 발췌

일러두기

본서에 사용한 《성경전서 개역개정판》 갈라디아서, 에베소서, 빌립보서, 골로새서, 데살로니가전·후서의 저작권은 재단법인 대한성서공회 소유이며 재단법인 대한성서공회의 허락을 받고 사용했습니다.

내가 그리스도와 함께 십자가에 못 박혔나니
그런즉 이제는 내가 사는 것이 아니요
오직 내 안에 그리스도께서 사시는 것이라

갈 2:20

갈라디아서 1장

1 사람들에게서 난 것도 아니요 사람으로 말미암은 것도 아니요
오직 예수 그리스도와 그를 죽은 자 가운데서 살리신
하나님 아버지로 말미암아 사도 된 바울은

2 함께 있는 모든 형제와 더불어 갈라디아 여러 교회들에게

3 우리 하나님 아버지와 주 예수 그리스도로부터 은혜와 평강이 있기를 원하노라

4 그리스도께서 하나님 곧 우리 아버지의 뜻을 따라 이 악한 세대에서
우리를 건지시려고 우리 죄를 대속하기 위하여 자기 몸을 주셨으니

5 영광이 그에게 세세토록 있을지어다 아멘

다른 복음은 없다

6 그리스도의 은혜로 너희를 부르신 이를 이같이 속히 떠나
다른 복음을 따르는 것을 내가 이상하게 여기노라

7 다른 복음은 없나니 다만 어떤 사람들이 너희를 교란하여
그리스도의 복음을 변하게 하려 함이라

8 그러나 우리나 혹은 하늘로부터 온 천사라도 우리가 너희에게 전한 복음 외에
다른 복음을 전하면 저주를 받을지어다

9 우리가 전에 말하였거니와 내가 지금 다시 말하노니 만일 누구든지
너희가 받은 것 외에 다른 복음을 전하면 저주를 받을지어다

10 이제 내가 사람들에게 좋게 하랴 하나님께 좋게 하랴 사람들에게 기쁨을
구하랴 내가 지금까지 사람들의 기쁨을 구하였다면 그리스도의 종이 아니니라

바울이 사도가 된 내력

11 형제들아 내가 너희에게 알게 하노니
내가 전한 복음은 사람의 뜻을 따라 된 것이 아니니라

12 이는 내가 사람에게서 받은 것도 아니요 배운 것도 아니요
오직 예수 그리스도의 계시로 말미암은 것이라

13 내가 이전에 유대교에 있을 때에 행한 일을 너희가 들었거니와
하나님의 교회를 심히 박해하여 멸하고

14 내가 내 동족 중 여러 연갑자보다 유대교를 지나치게 믿어
내 조상의 전통에 대하여 더욱 열심이 있었으나

15 그러나 내 어머니의 태로부터 나를 택정하시고 그의 은혜로 나를 부르신 이가

16 그의 아들을 이방에 전하기 위하여 그를 내 속에 나타내시기를
기뻐하셨을 때에 내가 곧 혈육과 의논하지 아니하고

17 또 나보다 먼저 사도 된 자들을 만나려고 예루살렘으로 가지 아니하고
아라비아로 갔다가 다시 다메섹으로 돌아갔노라

18 그 후 삼 년 만에 내가 게바를 방문하려고 예루살렘에 올라가서
그와 함께 십오 일을 머무는 동안

19 주의 형제 야고보 외에 다른 사도들을 보지 못하였노라

20 보라 내가 너희에게 쓰는 것은 하나님 앞에서 거짓말이 아니로다

21 그 후에 내가 수리아와 길리기아 지방에 이르렀으나

22 그리스도 안에 있는 유대의 교회들이 나를 얼굴로는 알지 못하고

23 다만 우리를 박해하던 자가 전에 멸하려던 그 믿음을 지금 전한다 함을 듣고

24 나로 말미암아 하나님께 영광을 돌리니라

할례자의 사도와 이방인의 사도

1 십사 년 후에 내가 바나바와 함께 디도를 데리고 다시 예루살렘에 올라갔나니

2 계시를 따라 올라가 내가 이방 가운데서 전파하는 복음을 그들에게 제시하되
유력한 자들에게 사사로이 한 것은 내가 달음질하는 것이나
달음질한 것이 헛되지 않게 하려 함이라

3 그러나 나와 함께 있는 헬라인 디도까지도
억지로 할례를 받게 하지 아니하였으니

4 이는 가만히 들어온 거짓 형제들 때문이라 그들이 가만히 들어온 것은
그리스도 예수 안에서 우리가 가진 자유를 엿보고
우리를 종으로 삼고자 함이로되

5 그들에게 우리가 한시도 복종하지 아니하였으니
이는 복음의 진리가 항상 너희 가운데 있게 하려 함이라

6 유력하다는 이들 중에 (본래 어떤 이들이든지 내게 상관이 없으며
하나님은 사람을 외모로 취하지 아니하시나니) 저 유력한 이들은
내게 의무를 더하여준 것이 없고

7 도리어 그들은 내가 무할례자에게 복음 전함을 맡은 것이
베드로가 할례자에게 맡음과 같은 것을 보았고

8 베드로에게 역사하사 그를 할례자의 사도로 삼으신 이가
또한 내게 역사하사 나를 이방인의 사도로 삼으셨느니라

<u>9</u> 또 기둥같이 여기는 야고보와 게바와 요한도 내게 주신 은혜를 알므로
나와 바나바에게 친교의 악수를 하였으니 우리는 이방인에게로,
그들은 할례자에게로 가게 하려 함이라

<u>10</u> 다만 우리에게 가난한 자들을 기억하도록 부탁하였으니
이것은 나도 본래부터 힘써 행하여 왔노라

믿음으로 의롭게 되다

<u>11</u> 게바가 안디옥에 이르렀을 때에 책망받을 일이 있기로
내가 그를 대면하여 책망하였노라

<u>12</u> 야고보에게서 온 어떤 이들이 이르기 전에 게바가 이방인과 함께 먹다가
그들이 오매 그가 할례자들을 두려워하여 떠나 물러가매

<u>13</u> 남은 유대인들도 그와 같이 외식하므로 바나바도 그들의 외식에
유혹되었느니라

<u>14</u> 그러므로 나는 그들이 복음의 진리를 따라 바르게 행하지 아니함을 보고
모든 자 앞에서 게바에게 이르되 네가 유대인으로서 이방인을 따르고
유대인답게 살지 아니하면서 어찌하여 억지로 이방인을 유대인답게
살게 하려느냐 하였노라

<u>15</u> 우리는 본래 유대인이요 이방 죄인이 아니로되

16 사람이 의롭게 되는 것은 율법의 행위로 말미암음이 아니요
오직 예수 그리스도를 믿음으로 말미암는 줄 알므로
우리도 그리스도 예수를 믿나니 이는 우리가 율법의 행위로써가 아니고
그리스도를 믿음으로써 의롭다 함을 얻으려 함이라
율법의 행위로써는 의롭다 함을 얻을 육체가 없느니라

17 만일 우리가 그리스도 안에서 의롭게 되려 하다가 죄인으로 드러나면
그리스도께서 죄를 짓게 하는 자냐 결코 그럴 수 없느니라

18 만일 내가 헐었던 것을 다시 세우면 내가 나를 범법한 자로 만드는 것이라

19 내가 율법으로 말미암아 율법에 대하여 죽었나니
이는 하나님에 대하여 살려 함이라

20 내가 그리스도와 함께 십자가에 못 박혔나니 그런즉 이제는
내가 사는 것이 아니요 오직 내 안에 그리스도께서 사시는 것이라
이제 내가 육체 가운데 사는 것은 나를 사랑하사 나를 위하여
자기 자신을 버리신 하나님의 아들을 믿는 믿음 안에서 사는 것이라

21 내가 하나님의 은혜를 폐하지 아니하노니 만일 의롭게 되는 것이
율법으로 말미암으면 그리스도께서 헛되이 죽으셨느니라

바울은 '율법의 행위'가 아니라
'그리스도를 믿음'으로 구원을 얻는다는
진리를 분명히 알고 있었습니다.

그는 주님께 자신을 맡겼습니다.
예수 그리스도의 십자가 앞에 모든 죄를 토해내고,
하나님을 향해 사는 사람이 되었습니다.

그리스도인은
십자가 앞에서 옛 자아가 죽습니다.
내가 주님 안에, 주님이 내 안에 사시며
그리스도의 능력으로 살아갑니다.

당신은 내주하시는 성령님과
동행하고 있나요?

'내' 욕심과 의지, 뜻을 내려놓고,
당신을 구원하기 위해 십자가에서 이루신
그리스도의 은혜만 의지하여 살아가십시오.

나의 묵상 ──────────────────────────────

내가 그리스도와 함께 십자가에 못 박혔나니
그런즉 이제는 내가 사는것이 아니요
오직 내 안에 그리스도께서 사시는 것이라

갈라디아서 3장

갈라디아 사람들에게 호소하다

1 어리석도다 갈라디아 사람들아 예수 그리스도께서 십자가에 못 박히신 것이
너희 눈앞에 밝히 보이거늘 누가 너희를 꾀더냐

2 내가 너희에게서 다만 이것을 알려 하노니 너희가 성령을 받은 것이
율법의 행위로냐 혹은 듣고 믿음으로냐

3 너희가 이같이 어리석으냐 성령으로 시작하였다가 이제는 육체로 마치겠느냐

4 너희가 이같이 많은 괴로움을 헛되이 받았느냐 과연 헛되냐

5 너희에게 성령을 주시고 너희 가운데서 능력을 행하시는 이의 일이
율법의 행위에서냐 혹은 듣고 믿음에서냐

6 아브라함이 하나님을 믿으매 그것을 그에게 의로 정하셨다 함과 같으니라

7 그런즉 믿음으로 말미암은 자들은 아브라함의 자손인 줄 알지어다

8 또 하나님이 이방을 믿음으로 말미암아 의로 정하실 것을
성경이 미리 알고 먼저 아브라함에게 복음을 전하되
모든 이방인이 너로 말미암아 복을 받으리라 하였느니라

9 그러므로 믿음으로 말미암은 자는 믿음이 있는 아브라함과 함께 복을 받느니라

10 무릇 율법 행위에 속한 자들은 저주 아래에 있나니 기록된 바
누구든지 율법 책에 기록된 대로 모든 일을 항상 행하지 아니하는 자는
저주 아래에 있는 자라 하였음이라

11 또 하나님 앞에서 아무도 율법으로 말미암아 의롭게 되지 못할 것이
분명하니 이는 의인은 믿음으로 살리라 하였음이라

12 율법은 믿음에서 난 것이 아니니 율법을 행하는 자는
   그 가운데서 살리라 하였느니라

13 그리스도께서 우리를 위하여 저주를 받은 바 되사
   율법의 저주에서 우리를 속량하셨으니 기록된 바
   나무에 달린 자마다 저주 아래에 있는 자라 하였음이라

14 이는 그리스도 예수 안에서 아브라함의 복이 이방인에게 미치게 하고
   또 우리로 하여금 믿음으로 말미암아 성령의 약속을 받게 하려 함이라

율법과 약속

15 형제들아 내가 사람의 예대로 말하노니 사람의 언약이라도 정한 후에는
   아무도 폐하거나 더하거나 하지 못하느니라

16 이 약속들은 아브라함과 그 자손에게 말씀하신 것인데 여럿을 가리켜
   그 자손들이라 하지 아니하시고 오직 한 사람을 가리켜
   네 자손이라 하셨으니 곧 그리스도라

17 내가 이것을 말하노니 하나님께서 미리 정하신 언약을 사백삼십 년 후에
   생긴 율법이 폐기하지 못하고 그 약속을 헛되게 하지 못하리라

18 만일 그 유업이 율법에서 난 것이면 약속에서 난 것이 아니리라
   그러나 하나님이 약속으로 말미암아 아브라함에게 주신 것이라

19 그런즉 율법은 무엇이냐 범법하므로 더하여진 것이라 천사들을 통하여
   한 중보자의 손으로 베푸신 것인데 약속하신 자손이 오시기까지 있을 것이라

20 그 중보자는 한 편만 위한 자가 아니나 하나님은 한 분이시니라

21 그러면 율법이 하나님의 약속들과 반대되는 것이냐
결코 그럴 수 없느니라 만일 능히 살게 하는 율법을 주셨더라면
의가 반드시 율법으로 말미암았으리라

22 그러나 성경이 모든 것을 죄 아래에 가두었으니 이는 예수 그리스도를
믿음으로 말미암는 약속을 믿는 자들에게 주려 함이라

하나님의 아들

23 믿음이 오기 전에 우리는 율법 아래에 매인 바 되고
계시될 믿음의 때까지 갇혔느니라

24 이같이 율법이 우리를 그리스도께로 인도하는 초등교사가 되어
우리로 하여금 믿음으로 말미암아 의롭다 함을 얻게 하려 함이라

25 믿음이 온 후로는 우리가 초등교사 아래에 있지 아니하도다

26 너희가 다 믿음으로 말미암아 그리스도 예수 안에서
하나님의 아들이 되었으니

27 누구든지 그리스도와 합하기 위하여 세례를 받은 자는
그리스도로 옷 입었느니라

28 너희는 유대인이나 헬라인이나 종이나 자유인이나 남자나 여자나
다 그리스도 예수 안에서 하나이니라

29 너희가 그리스도의 것이면 곧 아브라함의 자손이요
약속대로 유업을 이을 자니라

갈라디아서 4장

1 내가 또 말하노니 유업을 이을 자가 모든 것의 주인이나
   어렸을 동안에는 종과 다름이 없어서

2 그 아버지가 정한 때까지 후견인과 청지기 아래에 있나니

3 이와 같이 우리도 어렸을 때에 이 세상의 초등 학문 아래에 있어서
   종 노릇 하였더니

4 때가 차매 하나님이 그 아들을 보내사 여자에게서 나게 하시고
   율법 아래에 나게 하신 것은

5 율법 아래에 있는 자들을 속량하시고 우리로 아들의 명분을
   얻게 하려 하심이라

6 너희가 아들이므로 하나님이 그 아들의 영을 우리 마음 가운데 보내사
   아빠 아버지라 부르게 하셨느니라

7 그러므로 네가 이후로는 종이 아니요 아들이니
   아들이면 하나님으로 말미암아 유업을 받을 자니라

바울이 갈라디아교회를 염려하다

8 그러나 너희가 그때에는 하나님을 알지 못하여
   본질상 하나님이 아닌 자들에게 종 노릇 하였더니

9 이제는 너희가 하나님을 알 뿐 아니라 더욱이 하나님이 아신 바 되었거늘
   어찌하여 다시 약하고 천박한 초등 학문으로 돌아가서
   다시 그들에게 종 노릇 하려 하느냐

10 너희가 날과 달과 절기와 해를 삼가 지키니

11 내가 너희를 위하여 수고한 것이 헛될까 두려워하노라

12 형제들아 내가 너희와 같이 되었은즉 너희도 나와 같이 되기를 구하노라
    너희가 내게 해롭게 하지 아니하였느니라

13 내가 처음에 육체의 약함으로 말미암아 너희에게 복음을 전한 것을
    너희가 아는 바라

14 너희를 시험하는 것이 내 육체에 있으되 이것을 너희가 업신여기지도
    아니하며 버리지도 아니하고 오직 나를 하나님의 천사와 같이
    또는 그리스도 예수와 같이 영접하였도다

15 너희의 복이 지금 어디 있느냐 내가 너희에게 증언하노니
    너희가 할 수만 있었더라면 너희의 눈이라도 빼어 나에게 주었으리라

16 그런즉 내가 너희에게 참된 말을 하므로 원수가 되었느냐

17 그들이 너희에게 대하여 열심 내는 것은 좋은 뜻이 아니요
    오직 너희를 이간시켜 너희로 그들에게 대하여 열심을 내게 하려 함이라

18 좋은 일에 대하여 열심으로 사모함을 받음은
    내가 너희를 대하였을 때뿐 아니라 언제든지 좋으니라

19 나의 자녀들아 너희 속에 그리스도의 형상을 이루기까지
    다시 너희를 위하여 해산하는 수고를 하노니

20 내가 이제라도 너희와 함께 있어 내 언성을 높이려 함은
    너희에 대하여 의혹이 있음이라

하갈과 사라

21 내게 말하라 율법 아래에 있고자 하는 자들아 율법을 듣지 못하였느냐

22 기록된 바 아브라함에게 두 아들이 있으니 하나는 여종에게서,
하나는 자유 있는 여자에게서 났다 하였으며

23 여종에게서는 육체를 따라 났고 자유 있는 여자에게서는
약속으로 말미암았느니라

24 이것은 비유니 이 여자들은 두 언약이라
하나는 시내 산으로부터 종을 낳은 자니 곧 하갈이라

25 이 하갈은 아라비아에 있는 시내 산으로서 지금 있는 예루살렘과
같은 곳이니 그가 그 자녀들과 더불어 종 노릇 하고

26 오직 위에 있는 예루살렘은 자유자니 곧 우리 어머니라

27 기록된 바 잉태하지 못한 자여 즐거워하라 산고를 모르는 자여
소리 질러 외치라 이는 홀로 사는 자의 자녀가
남편 있는 자의 자녀보다 많음이라 하였으니

28 형제들아 너희는 이삭과 같이 약속의 자녀라

29 그러나 그때에 육체를 따라 난 자가 성령을 따라 난 자를
박해한 것같이 이제도 그러하도다

30 그러나 성경이 무엇을 말하느냐 여종과 그 아들을 내쫓으라 여종의 아들이
자유 있는 여자의 아들과 더불어 유업을 얻지 못하리라 하였느니라

31 그런즉 형제들아 우리는 여종의 자녀가 아니요 자유 있는 여자의 자녀니라

바울은 거짓 가르침에 넘어간
갈라디아 성도의 어리석음을 책망합니다.

갈라디아 성도는 성령을 받았고
참 자유를 경험했으며
복음을 위해 고난을 받기도 했습니다.
그런 이들이 율법을 준수해야
아브라함의 후손이 될 수 있다는
거짓 가르침에 현혹됩니다.

십자가, 예수 그리스도, 복음에 대한
감격과 깊은 이해로 말씀 앞에 서지 않으면
우리도 얼마든지 형식만 중시하는
율법주의자가 될 수 있습니다.

사단은 복음의 감격과 능력이 없는 성도를 노립니다.
우리의 믿음과 신앙을 흐트러뜨리는
거짓 가르침이 틈타지 못하도록
살아계신 하나님의 말씀을 붙드십시오.

나의 묵상 ─────────────────────────────────

너희는 유대인이나 헬라인이나 종이나
자유인이나 남자나 여자나
다 그리스도 예수 안에서 하나이니라

갈라디아서 5장

1 그리스도께서 우리를 자유롭게 하려고 자유를 주셨으니
그러므로 굳건하게 서서 다시는 종의 멍에를 메지 말라

그리스도인의 자유와 사랑

2 보라 나 바울은 너희에게 말하노니 너희가 만일 할례를 받으면
그리스도께서 너희에게 아무 유익이 없으리라

3 내가 할례를 받는 각 사람에게 다시 증언하노니
그는 율법 전체를 행할 의무를 가진 자라

4 율법 안에서 의롭다 함을 얻으려 하는 너희는
그리스도에게서 끊어지고 은혜에서 떨어진 자로다

5 우리가 성령으로 믿음을 따라 의의 소망을 기다리노니

6 그리스도 예수 안에서는 할례나 무할례나 효력이 없으되
사랑으로써 역사하는 믿음뿐이니라

7 너희가 달음질을 잘하더니 누가 너희를 막아 진리를 순종하지 못하게 하더냐

8 그 권면은 너희를 부르신 이에게서 난 것이 아니니라

9 적은 누룩이 온 덩이에 퍼지느니라

10 나는 너희가 아무 다른 마음을 품지 아니할 줄을 주 안에서 확신하노라
그러나 너희를 요동하게 하는 자는 누구든지 심판을 받으리라

11 형제들아 내가 지금까지 할례를 전한다면 어찌하여 지금까지
박해를 받으리요 그리하였으면 십자가의 걸림돌이 제거되었으리니

12 너희를 어지럽게 하는 자들은 스스로 베어버리기를 원하노라

13 형제들아 너희가 자유를 위하여 부르심을 입었으나 그러나 그 자유로
육체의 기회를 삼지 말고 오직 사랑으로 서로 종 노릇 하라

<u>14</u> 온 율법은 네 이웃 사랑하기를 네 자신같이 하라 하신
한 말씀에서 이루어졌나니

<u>15</u> 만일 서로 물고 먹으면 피차 멸망할까 조심하라

육체의 일과 성령의 열매

<u>16</u> 내가 이르노니 너희는 성령을 따라 행하라
그리하면 육체의 욕심을 이루지 아니하리라

<u>17</u> 육체의 소욕은 성령을 거스르고 성령은 육체를 거스르나니
이 둘이 서로 대적함으로 너희가 원하는 것을 하지 못하게 하려 함이니라

<u>18</u> 너희가 만일 성령의 인도하시는 바가 되면 율법 아래에 있지 아니하리라

<u>19</u> 육체의 일은 분명하니 곧 음행과 더러운 것과 호색과

<u>20</u> 우상 숭배와 주술과 원수 맺는 것과 분쟁과 시기와 분냄과
당 짓는 것과 분열함과 이단과

<u>21</u> 투기와 술 취함과 방탕함과 또 그와 같은 것들이라
전에 너희에게 경계한 것같이 경계하노니 이런 일을 하는 자들은
하나님의 나라를 유업으로 받지 못할 것이요

<u>22</u> 오직 성령의 열매는 사랑과 희락과 화평과 오래 참음과 자비와 양선과 충성과

<u>23</u> 온유와 절제니 이 같은 것을 금지할 법이 없느니라

<u>24</u> 그리스도 예수의 사람들은 육체와 함께
그 정욕과 탐심을 십자가에 못 박았느니라

<u>25</u> 만일 우리가 성령으로 살면 또한 성령으로 행할지니

<u>26</u> 헛된 영광을 구하여 서로 노엽게 하거나 서로 투기하지 말지니라

갈라디아서 6장

짐을 서로 지라

1 형제들아 사람이 만일 무슨 범죄한 일이 드러나거든
  신령한 너희는 온유한 심령으로 그러한 자를 바로잡고
  너 자신을 살펴보아 너도 시험을 받을까 두려워하라

2 너희가 짐을 서로 지라 그리하여 그리스도의 법을 성취하라

3 만일 누가 아무것도 되지 못하고 된 줄로 생각하면 스스로 속임이라

4 각각 자기의 일을 살피라 그리하면 자랑할 것이 자기에게는 있어도
  남에게는 있지 아니하리니

5 각각 자기의 짐을 질 것이라

6 가르침을 받는 자는 말씀을 가르치는 자와 모든 좋은 것을 함께하라

7 스스로 속이지 말라 하나님은 업신여김을 받지 아니하시나니
  사람이 무엇으로 심든지 그대로 거두리라

8 자기의 육체를 위하여 심는 자는 육체로부터 썩어질 것을 거두고
  성령을 위하여 심는 자는 성령으로부터 영생을 거두리라

9 우리가 선을 행하되 낙심하지 말지니 포기하지 아니하면
  때가 이르매 거두리라

10 그러므로 우리는 기회 있는 대로 모든 이에게 착한 일을 하되
   더욱 믿음의 가정들에게 할지니라

할례와 그리스도의 십자가

11 내 손으로 너희에게 이렇게 큰 글자로 쓴 것을 보라

12 무릇 육체의 모양을 내려 하는 자들이 억지로 너희에게 할례를 받게 함은
그들이 그리스도의 십자가로 말미암아 박해를 면하려 함뿐이라

13 할례를 받은 그들이라도 스스로 율법은 지키지 아니하고
너희에게 할례를 받게 하려 하는 것은
그들이 너희의 육체로 자랑하려 함이라

14 그러나 내게는 우리 주 예수 그리스도의 십자가 외에
결코 자랑할 것이 없으니 그리스도로 말미암아 세상이 나를 대하여
십자가에 못 박히고 내가 또한 세상을 대하여 그러하니라

15 할례나 무할례가 아무것도 아니로되
오직 새로 지으심을 받는 것만이 중요하니라

16 무릇 이 규례를 행하는 자에게와 하나님의 이스라엘에게
평강과 긍휼이 있을지어다

17 이후로는 누구든지 나를 괴롭게 하지 말라
내가 내 몸에 예수의 흔적을 지니고 있노라

18 형제들아 우리 주 예수 그리스도의 은혜가 너희 심령에 있을지어다 아멘

성령님의 인도와 도우심을 받지 않으면
육체의 욕심을 따라 살게 됩니다.

음란, 편 가르기, 미움, 질투, 분노,
무절제한 생활이 그 결과이지요.

그리스도인은 십자가의 은혜를 가슴에 새기고
성령님을 따라 사는 사람입니다.

우리 내면의 약함과 악함을 인정하고
그분의 인도하심을 간절히 구해야 합니다.

오직 성령의 열매는 사랑과 희락과 화평과
오래 참음과 자비와 양선과 충성과 온유와 절제니
이 같은 것을 금지할 법이 없느니라(갈 5:22,23).

오늘도 성령님의 끊임없는 역사를 기대하고
삶의 모든 영역에서 그분이 열매 맺어가시도록
겸손히 말씀에 귀를 기울이십시오.

나의 묵상 ——————————————————————————————————————

우리가 선을 행하되
낙심하지 말지니
포기하지 아니하면
때가 이르매 거두리라

에베소서 Ephesians

에베소교회에 보내는 바울의 편지로 '연합과 일치'를 다루고 있다.
교회론을 체계 있게 서술한 이 서신은 하나님의 계획과 그리스도의 구속,
성령의 보증을 통해 교회가 세워지게 된 신학적 배경을 설명한다.
교회의 구성원인 성도가 성령의 충만한 은혜로
사랑을 실천하며 살아야 한다고 권면한다.

그리스도와 교회	그리스도 안에서의 새 생활
그리스도인의 지위(1:1-3:21)	그리스도인의 행위(4:1-6:24)
교회의 신적 기원 / 은혜로 얻는 구원 성도의 변화된 신분 / 성도의 연합과 일치 하나님의 경륜으로 세워진 교회	교회의 통일성과 유기성 성도의 새로운 생활·가정생활·사회생활·영적 싸움

－《포커스성경》(대한기독교서회) 발췌

그러므로 사랑을 받는 자녀같이

너희는 하나님을 본받는 자가 되고

엡 5:1

에베소서 1장

인사

1 하나님의 뜻으로 말미암아 그리스도 예수의 사도 된 바울은
에베소에 있는 성도들과 그리스도 예수 안에 있는
신실한 자들에게 편지하노니

2 하나님 우리 아버지와 주 예수 그리스도로부터
은혜와 평강이 너희에게 있을지어다

하늘에 속한 신령한 복

3 찬송하리로다 하나님 곧 우리 주 예수 그리스도의 아버지께서
그리스도 안에서 하늘에 속한 모든 신령한 복을 우리에게 주시되

4 곧 창세 전에 그리스도 안에서 우리를 택하사 우리로 사랑 안에서
그 앞에 거룩하고 흠이 없게 하시려고

5 그 기쁘신 뜻대로 우리를 예정하사 예수 그리스도로 말미암아
자기의 아들들이 되게 하셨으니

6 이는 그가 사랑하시는 자 안에서 우리에게 거저 주시는 바
그의 은혜의 영광을 찬송하게 하려는 것이라

7 우리는 그리스도 안에서 그의 은혜의 풍성함을 따라
그의 피로 말미암아 속량 곧 죄 사함을 받았느니라

8 이는 그가 모든 지혜와 총명을 우리에게 넘치게 하사

9 그 뜻의 비밀을 우리에게 알리신 것이요 그의 기뻐하심을 따라
그리스도 안에서 때가 찬 경륜을 위하여 예정하신 것이니

<u>10</u> 하늘에 있는 것이나 땅에 있는 것이 다 그리스도 안에서
        통일되게 하려 하심이라

<u>11</u> 모든 일을 그의 뜻의 결정대로 일하시는 이의 계획을 따라
        우리가 예정을 입어 그 안에서 기업이 되었으니

<u>12</u> 이는 우리가 그리스도 안에서 전부터 바라던
        그의 영광의 찬송이 되게 하려 하심이라

<u>13</u> 그 안에서 너희도 진리의 말씀 곧 너희의 구원의 복음을 듣고
        그 안에서 또한 믿어 약속의 성령으로 인치심을 받았으니

<u>14</u> 이는 우리 기업의 보증이 되사 그 얻으신 것을 속량하시고
        그의 영광을 찬송하게 하려 하심이라

바울의 기도

<u>15</u> 이로 말미암아 주 예수 안에서 너희 믿음과 모든 성도를 향한 사랑을
        나도 듣고

<u>16</u> 내가 기도할 때에 기억하며 너희로 말미암아 감사하기를 그치지 아니하고

<u>17</u> 우리 주 예수 그리스도의 하나님, 영광의 아버지께서 지혜와 계시의 영을
        너희에게 주사 하나님을 알게 하시고

<u>18</u> 너희 마음의 눈을 밝히사 그의 부르심의 소망이 무엇이며
        성도 안에서 그 기업의 영광의 풍성함이 무엇이며

<u>19</u> 그의 힘의 위력으로 역사하심을 따라 믿는 우리에게 베푸신 능력의
        지극히 크심이 어떠한 것을 너희로 알게 하시기를 구하노라

20 그의 능력이 그리스도 안에서 역사하사 죽은 자들 가운데서 다시 살리시고
   하늘에서 자기의 오른편에 앉히사

21 모든 통치와 권세와 능력과 주권과 이 세상뿐 아니라
   오는 세상에 일컫는 모든 이름 위에 뛰어나게 하시고

22 또 만물을 그의 발아래에 복종하게 하시고
   그를 만물 위에 교회의 머리로 삼으셨느니라

23 교회는 그의 몸이니 만물 안에서 만물을 충만하게 하시는 이의 충만함이니라

에베소서 2장

허물과 죄로 죽었던 너희를 살리셨다

1 그는 허물과 죄로 죽었던 너희를 살리셨도다

2 그때에 너희는 그 가운데서 행하여 이 세상 풍조를 따르고 공중의 권세 잡은
  자를 따랐으니 곧 지금 불순종의 아들들 가운데서 역사하는 영이라

3 전에는 우리도 다 그 가운데서 우리 육체의 욕심을 따라 지내며
  육체와 마음의 원하는 것을 하여 다른 이들과 같이
  본질상 진노의 자녀이었더니

4 긍휼이 풍성하신 하나님이 우리를 사랑하신 그 큰 사랑을 인하여

5 허물로 죽은 우리를 그리스도와 함께 살리셨고 (너희는 은혜로 구원을 받은 것이라)

6 또 함께 일으키사 그리스도 예수 안에서 함께 하늘에 앉히시니

7 이는 그리스도 예수 안에서 우리에게 자비하심으로써
   그 은혜의 지극히 풍성함을 오는 여러 세대에 나타내려 하심이라

8 너희는 그 은혜에 의하여 믿음으로 말미암아 구원을 받았으니
   이것은 너희에게서 난 것이 아니요 하나님의 선물이라

9 행위에서 난 것이 아니니 이는 누구든지 자랑하지 못하게 함이라

10 우리는 그가 만드신 바라 그리스도 예수 안에서 선한 일을 위하여
   지으심을 받은 자니 이 일은 하나님이 전에 예비하사
   우리로 그 가운데서 행하게 하려 하심이니라

십자가로 화목하게 하시다

11 그러므로 생각하라 너희는 그때에 육체로는 이방인이요
   손으로 육체에 행한 할례를 받은 무리라 칭하는 자들로부터
   할례를 받지 않은 무리라 칭함을 받는 자들이라

12 그때에 너희는 그리스도 밖에 있었고 이스라엘 나라 밖의 사람이라
   약속의 언약들에 대하여는 외인이요 세상에서 소망이 없고
   하나님도 없는 자이더니

13 이제는 전에 멀리 있던 너희가 그리스도 예수 안에서
   그리스도의 피로 가까워졌느니라

14 그는 우리의 화평이신지라 둘로 하나를 만드사 원수 된 것
   곧 중간에 막힌 담을 자기 육체로 허시고

15 법조문으로 된 계명의 율법을 폐하셨으니 이는 이 둘로
   자기 안에서 한 새 사람을 지어 화평하게 하시고

16 또 십자가로 이 둘을 한 몸으로 하나님과 화목하게 하려 하심이라
　원수 된 것을 십자가로 소멸하시고

17 또 오셔서 먼 데 있는 너희에게 평안을 전하시고
　가까운 데 있는 자들에게 평안을 전하셨으니

18 이는 그로 말미암아 우리 둘이 한 성령 안에서
　아버지께 나아감을 얻게 하려 하심이라

19 그러므로 이제부터 너희는 외인도 아니요 나그네도 아니요
　오직 성도들과 동일한 시민이요 하나님의 권속이라

20 너희는 사도들과 선지자들의 터 위에 세우심을 입은 자라
　그리스도 예수께서 친히 모퉁잇돌이 되셨느니라

21 그의 안에서 건물마다 서로 연결하여 주 안에서 성전이 되어가고

22 너희도 성령 안에서 하나님이 거하실 처소가 되기 위하여
　그리스도 예수 안에서 함께 지어져 가느니라

바울은 비록 옥에 갇혀있지만
구원의 감격을 공동체와 나누길 원하며
하나님을 기쁘게 찬양합니다.

살다 보면,
혼자서는 해결하기 힘든 상황을 마주합니다.
그럴 때 죽음을 이기신 하나님의 능력을 믿는다면
아무리 어려워도 슬픔과 좌절에 빠지지 않고
그분을 찬양할 수 있습니다.

주님은 우리에게 '구원'을 선물로 주셨습니다.
우리가 할 일은 겸손히
감사와 찬양을 올려드리는 것뿐입니다.

"하나님, 오늘 내게 베푸신 크신 은혜를 노래합니다.
문제보다 주님을 바라보고 넉넉히 이겨내겠습니다.
나의 왕이신 주님만 사랑하겠습니다."

나의 묵상 —————————————————————————

우리는 그가 만드신바라
그리스도 예수 안에서
선한일을 위하여 지으심을 받은자니

에베소서 3장

하나님의 구원의 경륜의 비밀

1 이러므로 그리스도 예수의 일로 너희 이방인을 위하여
  갇힌 자 된 나 바울이 말하거니와

2 너희를 위하여 내게 주신 하나님의 그 은혜의 경륜을 너희가 들었을 터이라

3 곧 계시로 내게 비밀을 알게 하신 것은 내가 먼저 간단히 기록함과 같으니

4 그것을 읽으면 내가 그리스도의 비밀을 깨달은 것을 너희가 알 수 있으리라

5 이제 그의 거룩한 사도들과 선지자들에게 성령으로 나타내신 것같이
  다른 세대에서는 사람의 아들들에게 알리지 아니하셨으니

6 이는 이방인들이 복음으로 말미암아 그리스도 예수 안에서
  함께 상속자가 되고 함께 지체가 되고 함께 약속에 참여하는 자가 됨이라

7 이 복음을 위하여 그의 능력이 역사하시는 대로 내게 주신
  하나님의 은혜의 선물을 따라 내가 일꾼이 되었노라

8 모든 성도 중에 지극히 작은 자보다 더 작은 나에게 이 은혜를 주신 것은
  측량할 수 없는 그리스도의 풍성함을 이방인에게 전하게 하시고

9 영원부터 만물을 창조하신 하나님 속에 감추어졌던 비밀의 경륜이
  어떠한 것을 드러내게 하려 하심이라

10 이는 이제 교회로 말미암아 하늘에 있는 통치자들과 권세들에게
  하나님의 각종 지혜를 알게 하려 하심이니

11 곧 영원부터 우리 주 그리스도 예수 안에서 예정하신 뜻대로 하신 것이라

12 우리가 그 안에서 그를 믿음으로 말미암아 담대함과 확신을 가지고 하나님께 나아감을 얻느니라

13 그러므로 너희에게 구하노니 너희를 위한 나의 여러 환난에 대하여 낙심하지 말라 이는 너희의 영광이니라

그리스도의 사랑을 알게 하시기를

14 이러므로 내가 하늘과 땅에 있는 각 족속에게

15 이름을 주신 아버지 앞에 무릎을 꿇고 비노니

16 그의 영광의 풍성함을 따라 그의 성령으로 말미암아 너희 속사람을 능력으로 강건하게 하시오며

17 믿음으로 말미암아 그리스도께서 너희 마음에 계시게 하시옵고 너희가 사랑 가운데서 뿌리가 박히고 터가 굳어져서

18 능히 모든 성도와 함께 지식에 넘치는 그리스도의 사랑을 알고

19 그 너비와 길이와 높이와 깊이가 어떠함을 깨달아 하나님의 모든 충만하신 것으로 너희에게 충만하게 하시기를 구하노라

20 우리 가운데서 역사하시는 능력대로 우리가 구하거나 생각하는 모든 것에 더 넘치도록 능히 하실 이에게

21 교회 안에서와 그리스도 예수 안에서 영광이 대대로 영원무궁하기를 원하노라 아멘

에베소서 4장

성령이 하나 되게 하신 것

1 그러므로 주 안에서 갇힌 내가 너희를 권하노니
   너희가 부르심을 받은 일에 합당하게 행하여

2 모든 겸손과 온유로 하고 오래 참음으로 사랑 가운데서 서로 용납하고

3 평안의 매는 줄로 성령이 하나 되게 하신 것을 힘써 지키라

4 몸이 하나요 성령도 한 분이시니 이와 같이 너희가 부르심의 한 소망 안에서
   부르심을 받았느니라

5 주도 한 분이시요 믿음도 하나요 세례도 하나요

6 하나님도 한 분이시니 곧 만유의 아버지시라
   만유 위에 계시고 만유를 통일하시고 만유 가운데 계시도다

7 우리 각 사람에게 그리스도의 선물의 분량대로 은혜를 주셨나니

8 그러므로 이르기를 그가 위로 올라가실 때에 사로잡혔던 자들을 사로잡으시고
   사람들에게 선물을 주셨다 하였도다

9 올라가셨다 하였은즉 땅 아래 낮은 곳으로 내리셨던 것이 아니면 무엇이냐

10 내리셨던 그가 곧 모든 하늘 위에 오르신 자니
    이는 만물을 충만하게 하려 하심이라

11 그가 어떤 사람은 사도로, 어떤 사람은 선지자로,
    어떤 사람은 복음 전하는 자로, 어떤 사람은 목사와 교사로 삼으셨으니

12 이는 성도를 온전하게 하여 봉사의 일을 하게 하며
    그리스도의 몸을 세우려 하심이라

13 우리가 다 하나님의 아들을 믿는 것과 아는 일에 하나가 되어
온전한 사람을 이루어 그리스도의 장성한 분량이 충만한 데까지 이르리니

14 이는 우리가 이제부터 어린아이가 되지 아니하여 사람의 속임수와
간사한 유혹에 빠져 온갖 교훈의 풍조에 밀려 요동하지 않게 하려 함이라

15 오직 사랑 안에서 참된 것을 하여 범사에 그에게까지 자랄지라
그는 머리니 곧 그리스도라

16 그에게서 온몸이 각 마디를 통하여 도움을 받음으로 연결되고 결합되어
각 지체의 분량대로 역사하여 그 몸을 자라게 하며
사랑 안에서 스스로 세우느니라

옛 사람과 새 사람

17 그러므로 내가 이것을 말하며 주 안에서 증언하노니 이제부터 너희는
이방인이 그 마음의 허망한 것으로 행함같이 행하지 말라

18 그들의 총명이 어두워지고 그들 가운데 있는 무지함과
그들의 마음이 굳어짐으로 말미암아 하나님의 생명에서 떠나있도다

19 그들이 감각 없는 자가 되어 자신을 방탕에 방임하여
모든 더러운 것을 욕심으로 행하되

20 오직 너희는 그리스도를 그같이 배우지 아니하였느니라

21 진리가 예수 안에 있는 것같이 너희가 참으로 그에게서 듣고
또한 그 안에서 가르침을 받았을진대

22 너희는 유혹의 욕심을 따라 썩어져 가는 구습을 따르는 옛 사람을 벗어버리고

23 오직 너희의 심령이 새롭게 되어

24 하나님을 따라 의와 진리의 거룩함으로 지으심을 받은 새 사람을 입으라

하나님을 본받는 생활

25 그런즉 거짓을 버리고 각각 그 이웃과 더불어 참된 것을 말하라
이는 우리가 서로 지체가 됨이라

26 분을 내어도 죄를 짓지 말며 해가 지도록 분을 품지 말고

27 마귀에게 틈을 주지 말라

28 도둑질하는 자는 다시 도둑질하지 말고 돌이켜 가난한 자에게
구제할 수 있도록 자기 손으로 수고하여 선한 일을 하라

29 무릇 더러운 말은 너희 입 밖에도 내지 말고 오직 덕을 세우는 데
소용되는 대로 선한 말을 하여 듣는 자들에게 은혜를 끼치게 하라

30 하나님의 성령을 근심하게 하지 말라
그 안에서 너희가 구원의 날까지 인치심을 받았느니라

31 너희는 모든 악독과 노함과 분냄과 떠드는 것과 비방하는 것을
모든 악의와 함께 버리고

32 서로 친절하게 하며 불쌍히 여기며 서로 용서하기를
하나님이 그리스도 안에서 너희를 용서하심과 같이 하라

성도의 삶의 모델은 빛이신 예수 그리스도입니다.
하나님께 죽기까지 순종하셨던 예수님처럼
우리도 이 세상을 본받지 말고
진리 되신 그분의 가르침대로 살아야 하지요.

성도들은 성령 안에서 하나 되어
교회와 공동체를 섬겨야 합니다.
선한 일을 행하고 고난 중에 있는 지체를 격려하며
세상 유혹을 이겨내도록 도와야 합니다.

말씀 앞에서 공동체를 향한
나의 태도를 점검해봅시다.

갈등하고 있는 지체가 있나요?
용서를 구하거나 용서해야 할 지체가 있나요?

공동체를 사랑으로 묶는 그리스도의 종이 되십시오.
더 사랑하고 더 용서하십시오.
그것이 부르심에 합당한 삶입니다.

나의 묵상 ────────────────────────────

모든 겸손과 온유로 하고 오래 참음으로
사랑 가운데서 서로 용납하고

에베소서 5장

1   그러므로 사랑을 받는 자녀같이 너희는 하나님을 본받는 자가 되고

2   그리스도께서 너희를 사랑하신 것같이 너희도 사랑 가운데서 행하라
그는 우리를 위하여 자신을 버리사 향기로운 제물과 희생제물로
하나님께 드리셨느니라

3   음행과 온갖 더러운 것과 탐욕은 너희 중에서 그 이름조차도 부르지 말라
이는 성도에게 마땅한 바니라

4   누추함과 어리석은 말이나 희롱의 말이 마땅치 아니하니
오히려 감사하는 말을 하라

5   너희도 정녕 이것을 알거니와 음행하는 자나 더러운 자나 탐하는 자
곧 우상 숭배자는 다 그리스도와 하나님의 나라에서 기업을 얻지 못하리니

6   누구든지 헛된 말로 너희를 속이지 못하게 하라 이로 말미암아
하나님의 진노가 불순종의 아들들에게 임하나니

7   그러므로 그들과 함께하는 자가 되지 말라

8   너희가 전에는 어둠이더니 이제는 주 안에서 빛이라 빛의 자녀들처럼 행하라

9   빛의 열매는 모든 착함과 의로움과 진실함에 있느니라

10   주를 기쁘시게 할 것이 무엇인가 시험하여보라

11   너희는 열매 없는 어둠의 일에 참여하지 말고 도리어 책망하라

12   그들이 은밀히 행하는 것들은 말하기도 부끄러운 것들이라

13   그러나 책망을 받는 모든 것은 빛으로 말미암아 드러나나니
드러나는 것마다 빛이니라

14   그러므로 이르시기를 잠자는 자여 깨어서 죽은 자들 가운데서 일어나라
그리스도께서 너에게 비추이시리라 하셨느니라

그리스도의 이름으로 감사하라

15 그런즉 너희가 어떻게 행할지를 자세히 주의하여
지혜 없는 자같이 하지 말고 오직 지혜 있는 자같이 하여

16 세월을 아끼라 때가 악하니라

17 그러므로 어리석은 자가 되지 말고 오직 주의 뜻이 무엇인가 이해하라

18 술 취하지 말라 이는 방탕한 것이니 오직 성령으로 충만함을 받으라

19 시와 찬송과 신령한 노래들로 서로 화답하며
너희의 마음으로 주께 노래하며 찬송하며

20 범사에 우리 주 예수 그리스도의 이름으로 항상 아버지 하나님께 감사하며

21 그리스도를 경외함으로 피차 복종하라

아내와 남편

22 아내들이여 자기 남편에게 복종하기를 주께 하듯 하라

23 이는 남편이 아내의 머리 됨이 그리스도께서 교회의 머리 됨과 같음이니
그가 바로 몸의 구주시니라

24 그러므로 교회가 그리스도에게 하듯 아내들도 범사에
자기 남편에게 복종할지니라

25 남편들아 아내 사랑하기를 그리스도께서 교회를 사랑하시고
그 교회를 위하여 자신을 주심같이 하라

26 이는 곧 물로 씻어 말씀으로 깨끗하게 하사 거룩하게 하시고

27 자기 앞에 영광스러운 교회로 세우사 티나 주름 잡힌 것이나
   이런 것들이 없이 거룩하고 흠이 없게 하려 하심이라

28 이와 같이 남편들도 자기 아내 사랑하기를 자기 자신과 같이 할지니
   자기 아내를 사랑하는 자는 자기를 사랑하는 것이라

29 누구든지 언제나 자기 육체를 미워하지 않고 오직 양육하여 보호하기를
   그리스도께서 교회에게 함과 같이 하나니

30 우리는 그 몸의 지체임이라

31 그러므로 사람이 부모를 떠나 그의 아내와 합하여 그 둘이 한 육체가 될지니

32 이 비밀이 크도다 나는 그리스도와 교회에 대하여 말하노라

33 그러나 너희도 각각 자기의 아내 사랑하기를 자신같이 하고
   아내도 자기 남편을 존경하라

에베소서 6장

자녀와 부모

1 자녀들아 주 안에서 너희 부모에게 순종하라 이것이 옳으니라

2 네 아버지와 어머니를 공경하라 이것은 약속이 있는 첫 계명이니

3 이로써 네가 잘되고 땅에서 장수하리라

4 또 아비들아 너희 자녀를 노엽게 하지 말고 오직 주의 교훈과 훈계로 양육하라

종과 상전

5 종들아 두려워하고 떨며 성실한 마음으로 육체의 상전에게 순종하기를
   그리스도께 하듯 하라

6 눈가림만 하여 사람을 기쁘게 하는 자처럼 하지 말고
   그리스도의 종들처럼 마음으로 하나님의 뜻을 행하고

7 기쁜 마음으로 섬기기를 주께 하듯 하고 사람들에게 하듯 하지 말라

8 이는 각 사람이 무슨 선을 행하든지 종이나 자유인이나
   주께로부터 그대로 받을 줄을 앎이라

9 상전들아 너희도 그들에게 이와 같이 하고 위협을 그치라
   이는 그들과 너희의 상전이 하늘에 계시고 그에게는
   사람을 외모로 취하는 일이 없는 줄 너희가 앎이라

마귀를 대적하는 싸움

10 끝으로 너희가 주 안에서와 그 힘의 능력으로 강건하여지고

11 마귀의 간계를 능히 대적하기 위하여 하나님의 전신 갑주를 입으라

12 우리의 씨름은 혈과 육을 상대하는 것이 아니요 통치자들과 권세들과
   이 어둠의 세상 주관자들과 하늘에 있는 악의 영들을 상대함이라

13 그러므로 하나님의 전신 갑주를 취하라 이는 악한 날에
   너희가 능히 대적하고 모든 일을 행한 후에 서기 위함이라

14 그런즉 서서 진리로 너희 허리띠를 띠고 의의 호심경을 붙이고

15 평안의 복음이 준비한 것으로 신을 신고

16 모든 것 위에 믿음의 방패를 가지고 이로써 능히
   악한 자의 모든 불화살을 소멸하고

17 구원의 투구와 성령의 검 곧 하나님의 말씀을 가지라

18 모든 기도와 간구를 하되 항상 성령 안에서 기도하고 이를 위하여
   깨어 구하기를 항상 힘쓰며 여러 성도를 위하여 구하라

19 또 나를 위하여 구할 것은 내게 말씀을 주사 나로 입을 열어
   복음의 비밀을 담대히 알리게 하옵소서 할 것이니

20 이 일을 위하여 내가 쇠사슬에 매인 사신이 된 것은
   나로 이 일에 당연히 할 말을 담대히 하게 하려 하심이라

끝인사

21 나의 사정 곧 내가 무엇을 하는지 너희에게도 알리려 하노니
   사랑을 받은 형제요 주 안에서 진실한 일꾼인 두기고가
   모든 일을 너희에게 알리리라

22 우리 사정을 알리고 또 너희 마음을 위로하기 위하여
   내가 특별히 그를 너희에게 보내었노라

23 아버지 하나님과 주 예수 그리스도께로부터
   평안과 믿음을 겸한 사랑이 형제들에게 있을지어다

24 우리 주 예수 그리스도를 변함없이 사랑하는 모든 자에게 은혜가 있을지어다

사단의 목표는 우리가 하나님보다
세상을 더 사랑하게 만드는 것입니다.

요즘 사단이 어떤 모습으로 다가오나요?
그의 공격을 말씀으로 대적하고 있나요?

바울은 성도에게
하나님의 전신 갑주를 입으라고 권면합니다

Helmet of salvation, 구원의 투구
Sword of the Spirit, 성령의 검
Breastplate of righteousness, 의의 흉배
Belt of truth, 진리의 허리띠
Shield of faith, 믿음의 방패
Gospel of peace, 평안의 복음의 신발

우리는 하나님의 전신 갑주로
속사람을 강건하게 해야 합니다.
늘 깨어 기도하며 영적 전쟁에 대비해야 합니다.

나의 묵상 _____

_____

_____

_____

_____

_____

_____

_____

_____

_____

_____

_____

_____

하나님의 전신 갑주를 취하라
이는 악한 날에 너희가 능히 대적하고
모든 일을 행한 후에 서기 위함이라

빌립보서 Philippians

감옥에 갇힌 바울이 빌립보교회에 보낸 편지로,
고난 중에도 그리스도와 동행함으로 얻는 기쁨과 행복이 가득 담겨있다.
바울은 예수 그리스도의 겸손과 그분의 성품을 설명하면서,
성도가 내면의 성숙을 이루기 위해서는
반드시 예수를 본받아야 한다고 가르친다.

그리스도와 동행	그리스도의 마음	그리스도를 아는 지식	그리스도의 화평
바울의 간증(1장)	성도의 생활양식(2장)	성도의 상급(3장)	성도의 평화(4장)
바울의 감사와 기도 복음으로 인한 기쁨	그리스도의 겸손 바울의 희생 디모데의 헌신	육체를 신뢰하지 말 것 그리스도를 아는 지식 푯대를 향해 달려라	성도 간의 화평 주 안에서 기뻐함

– 《포커스성경》(대한기독교서회) 발췌

내게 능력 주시는 자 안에서
내가 모든 것을 할 수 있느니라

빌 4:13

빌립보서 1장

인사

1 그리스도 예수의 종 바울과 디모데는 그리스도 예수 안에서
빌립보에 사는 모든 성도와 또한 감독들과 집사들에게 편지하노니

2 하나님 우리 아버지와 주 예수 그리스도로부터 은혜와 평강이
너희에게 있을지어다

빌립보 성도들을 생각하며 간구하다

3 내가 너희를 생각할 때마다 나의 하나님께 감사하며

4 간구할 때마다 너희 무리를 위하여 기쁨으로 항상 간구함은

5 너희가 첫날부터 이제까지 복음을 위한 일에 참여하고 있기 때문이라

6 너희 안에서 착한 일을 시작하신 이가 그리스도 예수의 날까지
이루실 줄을 우리는 확신하노라

7 내가 너희 무리를 위하여 이와 같이 생각하는 것이 마땅하니
이는 너희가 내 마음에 있음이며 나의 매임과 복음을 변명함과 확정함에
너희가 다 나와 함께 은혜에 참여한 자가 됨이라

8 내가 예수 그리스도의 심장으로 너희 무리를 얼마나 사모하는지
하나님이 내 증인이시니라

9 내가 기도하노라 너희 사랑을 지식과 모든 총명으로 점점 더 풍성하게 하사

10 너희로 지극히 선한 것을 분별하며 또 진실하여 허물없이
그리스도의 날까지 이르고

11 예수 그리스도로 말미암아 의의 열매가 가득하여
하나님의 영광과 찬송이 되기를 원하노라

바울의 매임과 복음 전파

12 형제들아 내가 당한 일이 도리어 복음 전파에 진전이 된 줄을
너희가 알기를 원하노라

13 이러므로 나의 매임이 그리스도 안에서 모든 시위대 안과
그 밖의 모든 사람에게 나타났으니

14 형제 중 다수가 나의 매임으로 말미암아 주 안에서 신뢰함으로
겁 없이 하나님의 말씀을 더욱 담대히 전하게 되었느니라

15 어떤 이들은 투기와 분쟁으로, 어떤 이들은 착한 뜻으로
그리스도를 전파하나니

16 이들은 내가 복음을 변증하기 위하여 세우심을 받은 줄 알고 사랑으로 하나

17 그들은 나의 매임에 괴로움을 더하게 할 줄로 생각하여
순수하지 못하게 다툼으로 그리스도를 전파하느니라

18 그러면 무엇이냐 겉치레로 하나 참으로 하나 무슨 방도로 하든지
전파되는 것은 그리스도니 이로써 나는 기뻐하고 또한 기뻐하리라

19 이것이 너희의 간구와 예수 그리스도의 성령의 도우심으로
나를 구원에 이르게 할 줄 아는 고로

20 나의 간절한 기대와 소망을 따라 아무 일에든지 부끄러워하지 아니하고
지금도 전과 같이 온전히 담대하여 살든지 죽든지
내 몸에서 그리스도가 존귀하게 되게 하려 하나니

21 이는 내게 사는 것이 그리스도니 죽는 것도 유익함이라

22 그러나 만일 육신으로 사는 이것이 내 일의 열매일진대
무엇을 택해야 할는지 나는 알지 못하노라

23 내가 그 둘 사이에 끼었으니 차라리 세상을 떠나서 그리스도와 함께 있는 것이
훨씬 더 좋은 일이라 그렇게 하고 싶으나

24 내가 육신으로 있는 것이 너희를 위하여 더 유익하리라

25 내가 살 것과 너희 믿음의 진보와 기쁨을 위하여
너희 무리와 함께 거할 이것을 확실히 아노니

26 내가 다시 너희와 같이 있음으로 그리스도 예수 안에서
너희 자랑이 나로 말미암아 풍성하게 하려 함이라

27 오직 너희는 그리스도의 복음에 합당하게 생활하라
이는 내가 너희에게 가보나 떠나있으나 너희가 한마음으로 서서
한뜻으로 복음의 신앙을 위하여 협력하는 것과

28 무슨 일에든지 대적하는 자들 때문에 두려워하지 아니하는 이 일을
듣고자 함이라 이것이 그들에게는 멸망의 증거요 너희에게는 구원의 증거니
이는 하나님께로부터 난 것이라

29 그리스도를 위하여 너희에게 은혜를 주신 것은 다만 그를 믿을 뿐 아니라
또한 그를 위하여 고난도 받게 하려 하심이라

30 너희에게도 그와 같은 싸움이 있으니 너희가 내 안에서 본 바요
이제도 내 안에서 듣는 바니라

그리스도의 겸손

1 그러므로 그리스도 안에 무슨 권면이나 사랑의 무슨 위로나
   성령의 무슨 교제나 긍휼이나 자비가 있거든

2 마음을 같이하여 같은 사랑을 가지고 뜻을 합하며 한마음을 품어

3 아무 일에든지 다툼이나 허영으로 하지 말고
   오직 겸손한 마음으로 각각 자기보다 남을 낫게 여기고

4 각각 자기 일을 돌볼뿐더러 또한 각각 다른 사람들의 일을 돌보아
   나의 기쁨을 충만하게 하라

5 너희 안에 이 마음을 품으라 곧 그리스도 예수의 마음이니

6 그는 근본 하나님의 본체시나 하나님과 동등 됨을 취할 것으로
   여기지 아니하시고

7 오히려 자기를 비워 종의 형체를 가지사 사람들과 같이 되셨고

8 사람의 모양으로 나타나사 자기를 낮추시고 죽기까지 복종하셨으니
   곧 십자가에 죽으심이라

9 이러므로 하나님이 그를 지극히 높여 모든 이름 위에 뛰어난 이름을 주사

10 하늘에 있는 자들과 땅에 있는 자들과 땅 아래에 있는 자들로
   모든 무릎을 예수의 이름에 꿇게 하시고

11 모든 입으로 예수 그리스도를 주라 시인하여
   하나님 아버지께 영광을 돌리게 하셨느니라

하나님의 흠 없는 자녀로 살라

12 그러므로 나의 사랑하는 자들아 너희가 나 있을 때뿐 아니라 더욱 지금
나 없을 때에도 항상 복종하여 두렵고 떨림으로 너희 구원을 이루라

13 너희 안에서 행하시는 이는 하나님이시니 자기의 기쁘신 뜻을 위하여
너희에게 소원을 두고 행하게 하시나니

14 모든 일을 원망과 시비가 없이 하라

15 이는 너희가 흠이 없고 순전하여 어그러지고 거스르는 세대 가운데서
하나님의 흠 없는 자녀로 세상에서 그들 가운데 빛들로 나타내며

16 생명의 말씀을 밝혀 나의 달음질이 헛되지 아니하고 수고도 헛되지
아니함으로 그리스도의 날에 내가 자랑할 것이 있게 하려 함이라

17 만일 너희 믿음의 제물과 섬김 위에 내가 나를 전제로 드릴지라도
나는 기뻐하고 너희 무리와 함께 기뻐하리니

18 이와 같이 너희도 기뻐하고 나와 함께 기뻐하라

디모데와 에바브로디도

19 내가 디모데를 속히 너희에게 보내기를 주 안에서 바람은
너희의 사정을 앎으로 안위를 받으려 함이니

20 이는 뜻을 같이하여 너희 사정을 진실히 생각할 자가 이 밖에 내게 없음이라

21 그들이 다 자기 일을 구하고 그리스도 예수의 일을 구하지 아니하되

22 디모데의 연단을 너희가 아나니 자식이 아버지에게 함같이
나와 함께 복음을 위하여 수고하였느니라

23 그러므로 내가 내 일이 어떻게 될지를 보아서 곧 이 사람을 보내기를 바라고

24 나도 속히 가게 될 것을 주 안에서 확신하노라

25 그러나 에바브로디도를 너희에게 보내는 것이 필요한 줄로 생각하노니
그는 나의 형제요 함께 수고하고 함께 군사 된 자요
너희 사자로 내가 쓸 것을 돕는 자라

26 그가 너희 무리를 간절히 사모하고 자기가 병든 것을 너희가 들은 줄을 알고
심히 근심한지라

27 그가 병들어 죽게 되었으나 하나님이 그를 긍휼히 여기셨고 그뿐 아니라
또 나를 긍휼히 여기사 내 근심 위에 근심을 면하게 하셨느니라

28 그러므로 내가 더욱 급히 그를 보낸 것은 너희로 그를 다시 보고
기뻐하게 하며 내 근심도 덜려 함이니라

29 이러므로 너희가 주 안에서 모든 기쁨으로 그를 영접하고
또 이와 같은 자들을 존귀히 여기라

30 그가 그리스도의 일을 위하여 죽기에 이르러도 자기 목숨을 돌보지
아니한 것은 나를 섬기는 너희의 일에 부족함을 채우려 함이니라

"나는 그리스도를 위해 사는 데 목적을 두고 있기 때문에
죽는 것도 내게는 유익합니다"(빌 1:21, 쉬운성경).

바울은 그리스도가 존귀하게 되시는 것만이
그의 삶의 목적이기에
죽는 것도 유익하다고 말합니다.

그는 옥에 갇힌 일을 근심하기보다
도리어 복음 전파의 좋은 기회라며 기뻐합니다.
그의 시선은 담장을 넘어 성도를 향해 있었습니다.
그들이 복음 안에서 참 기쁨을 누리며
확고한 믿음으로 성장해가길 축복했지요.
바울의 기대와 소망은 자신이 아닌,
하나님나라와 공동체의 유익에 있었습니다.

우리도 복음을 전하는 여정 가운데
자기 이익만 구하지 않기를,
살든지 죽든지 오직 주님의 사랑을
온 맘 다해 전하기를 기도합니다.

나의 묵상 ────────────────────────

이는 내게 사는 것이 그리스도니
죽는 것도 유익함이라

빌립보서 3장

하나님께로부터 난 의

1 끝으로 나의 형제들아 주 안에서 기뻐하라 너희에게 같은 말을 쓰는 것이
  내게는 수고로움이 없고 너희에게는 안전하니라

2 개들을 삼가고 행악하는 자들을 삼가고 몸을 상해하는 일을 삼가라

3 하나님의 성령으로 봉사하며 그리스도 예수로 자랑하고
  육체를 신뢰하지 아니하는 우리가 곧 할례파라

4 그러나 나도 육체를 신뢰할 만하며 만일 누구든지 다른 이가
  육체를 신뢰할 것이 있는 줄로 생각하면 나는 더욱 그러하리니

5 나는 팔일 만에 할례를 받고 이스라엘 족속이요 베냐민 지파요
  히브리인 중의 히브리인이요 율법으로는 바리새인이요

6 열심으로는 교회를 박해하고 율법의 의로는 흠이 없는 자라

7 그러나 무엇이든지 내게 유익하던 것을 내가 그리스도를 위하여
  다 해로 여길뿐더러

8 또한 모든 것을 해로 여김은 내 주 그리스도 예수를 아는 지식이
  가장 고상하기 때문이라 내가 그를 위하여 모든 것을 잃어버리고
  배설물로 여김은 그리스도를 얻고

9 그 안에서 발견되려 함이니 내가 가진 의는 율법에서 난 것이 아니요 오직
  그리스도를 믿음으로 말미암은 것이니 곧 믿음으로 하나님께로부터 난 의라

10 내가 그리스도와 그 부활의 권능과 그 고난에 참여함을 알고자 하여
   그의 죽으심을 본받아

11 어떻게 해서든지 죽은 자 가운데서 부활에 이르려 하노니

12 내가 이미 얻었다 함도 아니요 온전히 이루었다 함도 아니라
오직 내가 그리스도 예수께 잡힌 바 된 그것을 잡으려고 달려가노라

13 형제들아 나는 아직 내가 잡은 줄로 여기지 아니하고 오직 한 일
즉 뒤에 있는 것은 잊어버리고 앞에 있는 것을 잡으려고

14 푯대를 향하여 그리스도 예수 안에서 하나님이 위에서 부르신
부름의 상을 위하여 달려가노라

15 그러므로 누구든지 우리 온전히 이룬 자들은 이렇게 생각할지니 만일
어떤 일에 너희가 달리 생각하면 하나님이 이것도 너희에게 나타내시리라

16 오직 우리가 어디까지 이르렀든지 그대로 행할 것이라

우리의 시민권은 하늘에

17 형제들아 너희는 함께 나를 본받으라 그리고 너희가 우리를 본받은 것처럼
그와 같이 행하는 자들을 눈여겨보라

18 내가 여러 번 너희에게 말하였거니와 이제도 눈물을 흘리며 말하노니
여러 사람들이 그리스도의 십자가의 원수로 행하느니라

19 그들의 마침은 멸망이요 그들의 신은 배요
그 영광은 그들의 부끄러움에 있고 땅의 일을 생각하는 자라

20 그러나 우리의 시민권은 하늘에 있는지라 거기로부터 구원하는 자
곧 주 예수 그리스도를 기다리노니

21 그는 만물을 자기에게 복종하게 하실 수 있는 자의 역사로
우리의 낮은 몸을 자기 영광의 몸의 형체와 같이 변하게 하시리라

빌립보서 4장

1 그러므로 나의 사랑하고 사모하는 형제들, 나의 기쁨이요 면류관인
  사랑하는 자들아 이와 같이 주 안에 서라

권면

2 내가 유오디아를 권하고 순두게를 권하노니 주 안에서 같은 마음을 품으라

3 또 참으로 나와 멍에를 같이한 네게 구하노니 복음에 나와 함께 힘쓰던
  저 여인들을 돕고 또한 글레멘드와 그 외에 나의 동역자들을 도우라
  그 이름들이 생명책에 있느니라

4 주 안에서 항상 기뻐하라 내가 다시 말하노니 기뻐하라

5 너희 관용을 모든 사람에게 알게 하라 주께서 가까우시니라

6 아무것도 염려하지 말고 다만 모든 일에 기도와 간구로,
  너희 구할 것을 감사함으로 하나님께 아뢰라

7 그리하면 모든 지각에 뛰어난 하나님의 평강이
  그리스도 예수 안에서 너희 마음과 생각을 지키시리라

8 끝으로 형제들아 무엇에든지 참되며 무엇에든지 경건하며 무엇에든지 옳으며
  무엇에든지 정결하며 무엇에든지 사랑받을 만하며 무엇에든지 칭찬받을 만하며
  무슨 덕이 있든지 무슨 기림이 있든지 이것들을 생각하라

9 너희는 내게 배우고 받고 듣고 본 바를 행하라
  그리하면 평강의 하나님이 너희와 함께 계시리라

빌립보 사람들의 선물

10 내가 주 안에서 크게 기뻐함은 너희가 나를 생각하던 것이 이제 다시
   싹이 남이니 너희가 또한 이를 위하여 생각은 하였으나 기회가 없었느니라

11 내가 궁핍하므로 말하는 것이 아니니라 어떠한 형편에든지
　 나는 자족하기를 배웠노니

12 나는 비천에 처할 줄도 알고 풍부에 처할 줄도 알아 모든 일 곧 배부름과
　 배고픔과 풍부와 궁핍에도 처할 줄 아는 일체의 비결을 배웠노라

13 내게 능력 주시는 자 안에서 내가 모든 것을 할 수 있느니라

14 그러나 너희가 내 괴로움에 함께 참여하였으니 잘하였도다

15 빌립보 사람들아 너희도 알거니와 복음의 시초에 내가 마게도냐를 떠날 때에
　 주고받는 내 일에 참여한 교회가 너희 외에 아무도 없었느니라

16 데살로니가에 있을 때에도 너희가 한 번뿐 아니라 두 번이나
　 나의 쓸 것을 보내었도다

17 내가 선물을 구함이 아니요 오직 너희에게 유익하도록 풍성한 열매를 구함이라

18 내게는 모든 것이 있고 또 풍부한지라 에바브로디도 편에 너희가 준 것을
　 받으므로 내가 풍족하니 이는 받으실 만한 향기로운 제물이요
　 하나님을 기쁘시게 한 것이라

19 나의 하나님이 그리스도 예수 안에서 영광 가운데
　 그 풍성한 대로 너희 모든 쓸 것을 채우시리라

20 하나님 곧 우리 아버지께 세세 무궁하도록 영광을 돌릴지어다 아멘

끝인사

21 그리스도 예수 안에 있는 성도에게 각각 문안하라
　 나와 함께 있는 형제들이 너희에게 문안하고

22 모든 성도들이 너희에게 문안하되 특히 가이사의 집 사람들 중 몇이니라

23 주 예수 그리스도의 은혜가 너희 심령에 있을지어다

바울에게는 자랑할 것이 많았습니다.
그는 히브리인 중의 히브리인으로
당시 유대 사회의 최고 신분이었습니다.
그러나 그리스도를 만난 후 모든 걸 배설물로 여기고
하나님의 부르심에 인생을 걸었습니다.

디트리히 본회퍼는
《나를 따르라》에서 이렇게 말합니다.

"그리스도인들은 땅 위에서는 나그네요 외인입니다.
그들은 위에 있는 것에 뜻을 두고,
땅에 있는 것들에는 뜻을 두지 않습니다.
그들은 주님만을 바라봅니다.
주님이 하늘에 계시고, 자신들이 고대하는 생명이
그분과 함께 있기 때문입니다.
그들의 생명이신 그리스도께서 나타나실 때,
그들도 그분과 함께 영광 가운데 나타날 것입니다."

기억하십시오.
우리의 시민권은 하늘에 있습니다.

나의 묵상 ─────────────────────────────────

푯대를 향하여 그리스도 예수 안에서
하나님이 위에서 부르신
부름의 상을 위하여 달려가노라

골로새서 Colossians

그리스도의 탁월함을 가르친 편지.
예수 그리스도를 위대한 분으로 여기지만 삶의 중심으로 삼지는 않는
골로새교회의 일부 그리스도인들에게 쓴 바울의 편지이다.
바울은 그리스도가 창조와 구원 사역의 한가운데 계시다고 확신하며
그리스도를 삶의 중심에 모실 것을 냉철한 지성으로
친절하게 설명하며 권면한다.

그리스도의 위대하심과 우월성	그리스도에 대한 순종
인생의 푯대이신 그리스도(1-2장)	그리스도를 본받는 성도의 삶(3-4장)
만물 위에 뛰어나신 그리스도	옛 사람을 벗고 새 사람을 입으라
교회의 머리이신 그리스도	주께 하듯 하라
이단 사설을 배격하고 그리스도 안에서 굳게 서라	기도에 깨어있으라

ㅡ《포커스성경》(대한기독교서회) 발췌

그는 몸인 교회의 머리시라 그가 근본이시요

죽은 자들 가운데서 먼저 나신 이시니

이는 친히 만물의 으뜸이 되려 하심이요

골 1:18

골로새서 1장

인사

1 하나님의 뜻으로 말미암아 그리스도 예수의 사도 된 바울과 형제 디모데는

2 골로새에 있는 성도들 곧 그리스도 안에서 신실한 형제들에게 편지하노니
우리 아버지 하나님으로부터 은혜와 평강이 너희에게 있을지어다

하나님께 감사를 드리다

3 우리가 너희를 위하여 기도할 때마다 하나님 곧 우리 주 예수 그리스도의
아버지께 감사하노라

4 이는 그리스도 예수 안에 너희의 믿음과 모든 성도에 대한 사랑을 들었음이요

5 너희를 위하여 하늘에 쌓아둔 소망으로 말미암음이니
곧 너희가 전에 복음 진리의 말씀을 들은 것이라

6 이 복음이 이미 너희에게 이르매 너희가 듣고 참으로 하나님의 은혜를 깨달은
날부터 너희 중에서와 같이 또한 온 천하에서도 열매를 맺어 자라는도다

7 이와 같이 우리와 함께 종 된 사랑하는 에바브라에게 너희가 배웠나니
그는 너희를 위한 그리스도의 신실한 일꾼이요

8 성령 안에서 너희 사랑을 우리에게 알린 자니라

하나님의 형상이시요 교회의 머리시라

9 이로써 우리도 듣던 날부터 너희를 위하여 기도하기를 그치지 아니하고
구하노니 너희로 하여금 모든 신령한 지혜와 총명에 하나님의 뜻을
아는 것으로 채우게 하시고

10 주께 합당하게 행하여 범사에 기쁘시게 하고 모든 선한 일에
   열매를 맺게 하시며 하나님을 아는 것에 자라게 하시고

11 그의 영광의 힘을 따라 모든 능력으로 능하게 하시며
   기쁨으로 모든 견딤과 오래 참음에 이르게 하시고

12 우리로 하여금 빛 가운데서 성도의 기업의 부분을 얻기에 합당하게 하신
   아버지께 감사하게 하시기를 원하노라

13 그가 우리를 흑암의 권세에서 건져내사 그의 사랑의 아들의 나라로 옮기셨으니

14 그 아들 안에서 우리가 속량 곧 죄 사함을 얻었도다

15 그는 보이지 아니하는 하나님의 형상이시요 모든 피조물보다 먼저 나신 이시니

16 만물이 그에게서 창조되되 하늘과 땅에서 보이는 것들과 보이지 않는 것들과
   혹은 왕권들이나 주권들이나 통치자들이나 권세들이나
   만물이 다 그로 말미암고 그를 위하여 창조되었고

17 또한 그가 만물보다 먼저 계시고 만물이 그 안에 함께 섰느니라

18 그는 몸인 교회의 머리시라 그가 근본이시요 죽은 자들 가운데서
   먼저 나신 이시니 이는 친히 만물의 으뜸이 되려 하심이요

19 아버지께서는 모든 충만으로 예수 안에 거하게 하시고

20 그의 십자가의 피로 화평을 이루사 만물 곧 땅에 있는 것들이나
   하늘에 있는 것들이 그로 말미암아 자기와 화목하게 되기를 기뻐하심이라

21 전에 악한 행실로 멀리 떠나 마음으로 원수가 되었던 너희를

22 이제는 그의 육체의 죽음으로 말미암아 화목하게 하사 너희를 거룩하고
   흠 없고 책망할 것이 없는 자로 그 앞에 세우고자 하셨으니

23 만일 너희가 믿음에 거하고 터 위에 굳게 서서 너희 들은 바 복음의 소망에서
   흔들리지 아니하면 그리하리라 이 복음은 천하 만민에게 전파된 바요
   나 바울은 이 복음의 일꾼이 되었노라

   교회를 위하여 바울이 하는 일

24 나는 이제 너희를 위하여 받는 괴로움을 기뻐하고 그리스도의 남은 고난을
   그의 몸 된 교회를 위하여 내 육체에 채우노라

25 내가 교회의 일꾼 된 것은 하나님이 너희를 위하여 내게 주신 직분을 따라
   하나님의 말씀을 이루려 함이니라

26 이 비밀은 만세와 만대로부터 감추어졌던 것인데 이제는 그의 성도들에게
   나타났고

27 하나님이 그들로 하여금 이 비밀의 영광이 이방인 가운데 얼마나 풍성한지를
   알게 하려 하심이라 이 비밀은 너희 안에 계신 그리스도시니
   곧 영광의 소망이니라

28 우리가 그를 전파하여 각 사람을 권하고 모든 지혜로 각 사람을 가르침은
   각 사람을 그리스도 안에서 완전한 자로 세우려 함이니

29 이를 위하여 나도 내 속에서 능력으로 역사하시는 이의 역사를 따라
   힘을 다하여 수고하노라

골로새서 2장

1 내가 너희와 라오디게아에 있는 자들과 무릇 내 육신의 얼굴을 보지 못한
   자들을 위하여 얼마나 힘쓰는지를 너희가 알기를 원하노니

2 이는 그들로 마음에 위안을 받고 사랑 안에서 연합하여 확실한 이해의
   모든 풍성함과 하나님의 비밀인 그리스도를 깨닫게 하려 함이니

3 그 안에는 지혜와 지식의 모든 보화가 감추어져 있느니라

4 내가 이것을 말함은 아무도 교묘한 말로 너희를 속이지 못하게 하려 함이니

5 이는 내가 육신으로는 떠나있으나 심령으로는 너희와 함께 있어 너희가
   질서 있게 행함과 그리스도를 믿는 너희 믿음이 굳건한 것을 기쁘게 봄이라

그리스도 안에서 행하라

6 그러므로 너희가 그리스도 예수를 주로 받았으니 그 안에서 행하되

7 그 안에 뿌리를 박으며 세움을 받아 교훈을 받은 대로
   믿음에 굳게 서서 감사함을 넘치게 하라

8 누가 철학과 헛된 속임수로 너희를 사로잡을까 주의하라 이것은 사람의 전통과
   세상의 초등 학문을 따름이요 그리스도를 따름이 아니니라

9 그 안에는 신성의 모든 충만이 육체로 거하시고

10 너희도 그 안에서 충만하여졌으니 그는 모든 통치자와 권세의 머리시라

11 또 그 안에서 너희가 손으로 하지 아니한 할례를 받았으니
   곧 육의 몸을 벗는 것이요 그리스도의 할례니라

12 너희가 세례로 그리스도와 함께 장사되고 또 죽은 자들 가운데서
   그를 일으키신 하나님의 역사를 믿음으로 말미암아
   그 안에서 함께 일으키심을 받았느니라

13 또 범죄와 육체의 무할례로 죽었던 너희를 하나님이 그와 함께 살리시고 우리의 모든 죄를 사하시고

14 우리를 거스르고 불리하게 하는 법조문으로 쓴 증서를 지우시고 제하여버리사 십자가에 못 박으시고

15 통치자들과 권세들을 무력화하여 드러내어 구경거리로 삼으시고 십자가로 그들을 이기셨느니라

16 그러므로 먹고 마시는 것과 절기나 초하루나 안식일을 이유로 누구든지 너희를 비판하지 못하게 하라

17 이것들은 장래 일의 그림자이나 몸은 그리스도의 것이니라

18 아무도 꾸며낸 겸손과 천사 숭배를 이유로 너희를 정죄하지 못하게 하라 그가 그 본 것에 의지하여 그 육신의 생각을 따라 헛되이 과장하고

19 머리를 붙들지 아니하는지라 온몸이 머리로 말미암아 마디와 힘줄로 공급함을 받고 연합하여 하나님이 자라게 하시므로 자라느니라

그리스도와 함께하는 새 사람

20 너희가 세상의 초등 학문에서 그리스도와 함께 죽었거든 어찌하여 세상에 사는 것과 같이 규례에 순종하느냐

21 (곧 붙잡지도 말고 맛보지도 말고 만지지도 말라 하는 것이니

22 이 모든 것은 한때 쓰이고는 없어지리라) 사람의 명령과 가르침을 따르느냐

23 이런 것들은 자의적 숭배와 겸손과 몸을 괴롭게 하는 데는 지혜 있는 모양이나 오직 육체 따르는 것을 금하는 데는 조금도 유익이 없느니라

우리가 하나님께 나아갈 수 있는
유일한 길은 예수 그리스도뿐입니다.

죄로 인해 허망한 삶을 살던 우리가
그리스도의 죽음으로 다시 하나님과
화목을 누리게 되었습니다.
이는 우리를 거룩한 사람으로 살게 하시려는
하나님의 은혜입니다.

때론 거룩을 지키지 못하고
흔들릴 때도 있을 것입니다.
그러나 바울은 권면합니다.

그 안에 뿌리를 박으며 세움을 받아
교훈을 받은 대로 믿음에 굳게 서서
감사함을 넘치게 하라(골 2:7).

뿌리 깊은 나무처럼 믿음에 굳게 서서
삶의 뿌리를 오직 말씀에 두십시오.

나의 묵상 ————————————————————————

그가 만물보다 먼저 계시고
만물이 그 안에 함께 섰느니라

골로새서 3장

1 그러므로 너희가 그리스도와 함께 다시 살리심을 받았으면 위의 것을 찾으라
거기는 그리스도께서 하나님 우편에 앉아 계시느니라

2 위의 것을 생각하고 땅의 것을 생각하지 말라

3 이는 너희가 죽었고 너희 생명이 그리스도와 함께 하나님 안에 감추어졌음이라

4 우리 생명이신 그리스도께서 나타나실 그때에 너희도 그와 함께
영광 중에 나타나리라

5 그러므로 땅에 있는 지체를 죽이라 곧 음란과 부정과 사욕과
악한 정욕과 탐심이니 탐심은 우상 숭배니라

6 이것들로 말미암아 하나님의 진노가 임하느니라

7 너희도 전에 그 가운데 살 때에는 그 가운데서 행하였으나

8 이제는 너희가 이 모든 것을 벗어버리라 곧 분함과 노여움과 악의와 비방과
너희 입의 부끄러운 말이라

9 너희가 서로 거짓말을 하지 말라 옛 사람과 그 행위를 벗어버리고

10 새 사람을 입었으니 이는 자기를 창조하신 이의 형상을 따라
지식에까지 새롭게 하심을 입은 자니라

11 거기에는 헬라인이나 유대인이나 할례파나 무할례파나 야만인이나
스구디아인이나 종이나 자유인이 차별이 있을 수 없나니
오직 그리스도는 만유시요 만유 안에 계시니라

12 그러므로 너희는 하나님이 택하사 거룩하고 사랑받는 자처럼
긍휼과 자비와 겸손과 온유와 오래 참음을 옷 입고

13 누가 누구에게 불만이 있거든 서로 용납하여 피차 용서하되
주께서 너희를 용서하신 것같이 너희도 그리하고

14 이 모든 것 위에 사랑을 더하라 이는 온전하게 매는 띠니라

15 그리스도의 평강이 너희 마음을 주장하게 하라 너희는 평강을 위하여
한 몸으로 부르심을 받았나니 너희는 또한 감사하는 자가 되라

16 그리스도의 말씀이 너희 속에 풍성히 거하여 모든 지혜로
피차 가르치며 권면하고 시와 찬송과 신령한 노래를 부르며
감사하는 마음으로 하나님을 찬양하고

17 또 무엇을 하든지 말에나 일에나 다 주 예수의 이름으로 하고
그를 힘입어 하나님 아버지께 감사하라

주께 하듯 하라

18 아내들아 남편에게 복종하라 이는 주 안에서 마땅하니라

19 남편들아 아내를 사랑하며 괴롭게 하지 말라

20 자녀들아 모든 일에 부모에게 순종하라
이는 주 안에서 기쁘게 하는 것이니라

21 아비들아 너희 자녀를 노엽게 하지 말지니 낙심할까 함이라

22 종들아 모든 일에 육신의 상전들에게 순종하되
사람을 기쁘게 하는 자와 같이 눈가림만 하지 말고
오직 주를 두려워하여 성실한 마음으로 하라

23 무슨 일을 하든지 마음을 다하여 주께 하듯 하고 사람에게 하듯 하지 말라

24 이는 기업의 상을 주께 받을 줄 아나니 너희는 주 그리스도를 섬기느니라

25 불의를 행하는 자는 불의의 보응을 받으리니
주는 사람을 외모로 취하심이 없느니라

골로새서 4장

1 상전들아 의와 공평을 종들에게 베풀지니 너희에게도 하늘에 상전이 계심을
알지어다

권면

2 기도를 계속하고 기도에 감사함으로 깨어있으라

3 또한 우리를 위하여 기도하되 하나님이 전도할 문을 우리에게 열어주사
그리스도의 비밀을 말하게 하시기를 구하라
내가 이 일 때문에 매임을 당하였노라

4 그리하면 내가 마땅히 할 말로써 이 비밀을 나타내리라

5 외인에게 대해서는 지혜로 행하여 세월을 아끼라

6 너희 말을 항상 은혜 가운데서 소금으로 맛을 냄과 같이 하라
그리하면 각 사람에게 마땅히 대답할 것을 알리라

끝인사

7 두기고가 내 사정을 다 너희에게 알려주리니 그는 사랑받는 형제요
신실한 일꾼이요 주 안에서 함께 종이 된 자니라

8 내가 그를 특별히 너희에게 보내는 것은 너희로 우리 사정을 알게 하고
너희 마음을 위로하게 하려 함이라

9 신실하고 사랑을 받는 형제 오네시모를 함께 보내노니 그는 너희에게서
온 사람이라 그들이 여기 일을 다 너희에게 알려주리라

<u>10</u> 나와 함께 갇힌 아리스다고와 바나바의 생질 마가와 (이 마가에 대하여
   너희가 명을 받았으매 그가 이르거든 영접하라)

<u>11</u> 유스도라 하는 예수도 너희에게 문안하느니라 그들은 할례파이나
   이들만은 하나님의 나라를 위하여 함께 역사하는 자들이니
   이런 사람들이 나의 위로가 되었느니라

<u>12</u> 그리스도 예수의 종인 너희에게서 온 에바브라가 너희에게 문안하느니라
   그가 항상 너희를 위하여 애써 기도하여 너희로 하나님의 모든 뜻 가운데서
   완전하고 확신 있게 서기를 구하나니

<u>13</u> 그가 너희와 라오디게아에 있는 자들과 히에라볼리에 있는 자들을 위하여
   많이 수고하는 것을 내가 증언하노라

<u>14</u> 사랑을 받는 의사 누가와 또 데마가 너희에게 문안하느니라

<u>15</u> 라오디게아에 있는 형제들과 눔바와 그 여자의 집에 있는 교회에 문안하고

<u>16</u> 이 편지를 너희에게서 읽은 후에 라오디게아인의 교회에서도 읽게 하고
   또 라오디게아로부터 오는 편지를 너희도 읽으라

<u>17</u> 아킵보에게 이르기를 주 안에서 받은 직분을 삼가 이루라고 하라

<u>18</u> 나 바울은 친필로 문안하노니 내가 매인 것을 생각하라
   은혜가 너희에게 있을지어다

하나님이 이 세상을 지으시고
지금도 다스리고 계심을 믿습니까?

만물의 존재 의미는 오직 예수 그리스도
안에서만 발견할 수 있습니다.

여러분은 하나님의 선택을 받아
그분의 거룩한 백성이 되었습니다.
하나님의 사랑을 받는 만큼
다른 사람에게 너그러운 마음을 가지십시오.
친절함과 겸손함과 온유함으로, 그리고 인내하는 마음으로
다른 사람들을 대하십시오 (골 3:12, 쉬운성경).

하나님은 우리를 택하시고 친히 자녀 삼아주셨습니다.
늘 말씀을 먹이시고, 사랑할 힘을 공급해주십니다.

다함없는 십자가 사랑을 깊이 묵상하십시오.
가까운 이들을 겸손과 온유와 인내와 사랑으로 대하십시오.
그것이 하나님의 자녀 된 삶입니다.

나의 묵상 ————————————————————————————

무엇을 하든지 말에나 일에나
다 주 예수의 이름으로 하고
그를 힘입어 하나님 아버지께 감사하라

데살로니가전서 1 Thessalonians

재림과 미래에 대한 편지.
기독교 신앙의 확고한 미래관은
예수 그리스도의 재림에 대한 믿음에서 시작한다.
예수의 다시 오심으로 인해 우리는 미래에 대한
불안과 혼란 없이 지금의 성결한 삶을 살 수 있다.
데살로니가전서는 데살로니가교회의 잘못된 부활 사상을 바로잡고,
하나님께서 예수 안에서 앞으로 행하실 일을 기대하며,
성결하고 거룩하게 살도록 격려한다.
바울 서신 중에서 가장 먼저 기록된 것으로 알려져 있다.

개인적인 체험	실천적인 권고
데살로니가교회를 향한 칭찬과 격려(1-3장)	데살로니가교회를 향한 권면과 교훈(4-5장)
환난 중에도 주를 본받음	거룩하고 존귀한 삶에 대한 권면
주변의 모든 믿는 자에게 본이 됨	죽은 자의 부활에 대한 교훈
고난 중에도 믿음과 사랑을 굳건히 지킴	주의 날에 대한 교훈

─《포커스성경》(대한기독교서회) 발췌

항상 기뻐하라
쉬지 말고 기도하라 범사에 감사하라
이것이 그리스도 예수 안에서
너희를 향하신 하나님의 뜻이니라

살전 5:16-18

인사

1 바울과 실루아노와 디모데는 하나님 아버지와 주 예수 그리스도 안에 있는
데살로니가인의 교회에 편지하노니 은혜와 평강이 너희에게 있을지어다

데살로니가 교인들의 믿음의 본

2 우리가 너희 모두로 말미암아 항상 하나님께 감사하며
기도할 때에 너희를 기억함은

3 너희의 믿음의 역사와 사랑의 수고와 우리 주 예수 그리스도에 대한
소망의 인내를 우리 하나님 아버지 앞에서 끊임없이 기억함이니

4 하나님의 사랑하심을 받은 형제들아 너희를 택하심을 아노라

5 이는 우리 복음이 너희에게 말로만 이른 것이 아니라 또한 능력과 성령과
큰 확신으로 된 것임이라 우리가 너희 가운데서 너희를 위하여
어떤 사람이 된 것은 너희가 아는 바와 같으니라

6 또 너희는 많은 환난 가운데서 성령의 기쁨으로 말씀을 받아
우리와 주를 본받은 자가 되었으니

7 그러므로 너희가 마게도냐와 아가야에 있는 모든 믿는 자의 본이 되었느니라

8 주의 말씀이 너희에게로부터 마게도냐와 아가야에만 들릴 뿐 아니라
하나님을 향하는 너희 믿음의 소문이 각처에 퍼졌으므로
우리는 아무 말도 할 것이 없노라

9 그들이 우리에 대하여 <u>스스</u>로 말하기를 우리가 어떻게 너희 가운데에
   들어갔는지와 너희가 어떻게 우상을 버리고 하나님께로 돌아와서
   살아계시고 참되신 하나님을 섬기는지와

10 또 죽은 자들 가운데서 다시 살리신 그의 아들이 하늘로부터 강림하실 것을
   너희가 어떻게 기다리는지를 말하니 이는 장래의 노하심에서
   우리를 건지시는 예수시니라

데살로니가 2장
전서

데살로니가에서 벌인 바울의 사역

1 형제들아 우리가 너희 가운데 들어간 것이 헛되지 않은 줄을
   너희가 친히 아나니

2 너희가 아는 바와 같이 우리가 먼저 빌립보에서 고난과 능욕을 당하였으나
   우리 하나님을 힘입어 많은 싸움 중에 하나님의 복음을 너희에게 전하였노라

3 우리의 권면은 간사함이나 부정에서 난 것이 아니요 속임수로 하는 것도 아니라

4 오직 하나님께 옳게 여기심을 입어 복음을 위탁받았으니
   우리가 이와 같이 말함은 사람을 기쁘게 하려 함이 아니요
   오직 우리 마음을 감찰하시는 하나님을 기쁘시게 하려 함이라

5 너희도 알거니와 우리가 아무 때에도 아첨하는 말이나 탐심의 탈을
   쓰지 아니한 것을 하나님이 증언하시느니라

<u>6</u>   또한 우리는 너희에게서든지 다른 이에게서든지 사람에게서는
영광을 구하지 아니하였노라

<u>7</u>   우리는 그리스도의 사도로서 마땅히 권위를 주장할 수 있으나 도리어
너희 가운데서 유순한 자가 되어 유모가 자기 자녀를 기름과 같이 하였으니

<u>8</u>   우리가 이같이 너희를 사모하여 하나님의 복음뿐 아니라 우리의 목숨까지도
너희에게 주기를 기뻐함은 너희가 우리의 사랑하는 자 됨이라

<u>9</u>   형제들아 우리의 수고와 애쓴 것을 너희가 기억하리니
너희 아무에게도 폐를 끼치지 아니하려고 밤낮으로 일하면서
너희에게 하나님의 복음을 전하였노라

<u>10</u>   우리가 너희 믿는 자들을 향하여 어떻게 거룩하고 옳고 흠 없이
행하였는지에 대하여 너희가 증인이요 하나님도 그러하시도다

<u>11</u>   너희도 아는 바와 같이 우리가 너희 각 사람에게
아버지가 자기 자녀에게 하듯 권면하고 위로하고 경계하노니

<u>12</u>   이는 너희를 부르사 자기 나라와 영광에 이르게 하시는 하나님께
합당히 행하게 하려 함이라

<u>13</u>   이러므로 우리가 하나님께 끊임없이 감사함은 너희가 우리에게 들은 바
하나님의 말씀을 받을 때에 사람의 말로 받지 아니하고
하나님의 말씀으로 받음이니 진실로 그러하도다
이 말씀이 또한 너희 믿는 자 가운데에서 역사하느니라

14 형제들아 너희가 그리스도 예수 안에서 유대에 있는 하나님의 교회들을
본받은 자 되었으니 그들이 유대인들에게 고난을 받음과 같이
너희도 너희 동족에게서 동일한 고난을 받았느니라

15 유대인은 주 예수와 선지자들을 죽이고 우리를 쫓아내고
하나님을 기쁘시게 하지 아니하고 모든 사람에게 대적이 되어

16 우리가 이방인에게 말하여 구원받게 함을 그들이 금하여
자기 죄를 항상 채우매 노하심이 끝까지 그들에게 임하였느니라

바울이 데살로니가에 다시 가기를 원하다

17 형제들아 우리가 잠시 너희를 떠난 것은 얼굴이요 마음은 아니니
너희 얼굴 보기를 열정으로 더욱 힘썼노라

18 그러므로 나 바울은 한 번 두 번 너희에게 가고자 하였으나
사탄이 우리를 막았도다

19 우리의 소망이나 기쁨이나 자랑의 면류관이 무엇이냐
그가 강림하실 때 우리 주 예수 앞에 너희가 아니냐

20 너희는 우리의 영광이요 기쁨이니라

바울은 데살로니가교회 성도가
'젖먹이 성도'에 머물지 않고
하나님 앞에서 합당히 행하는
성숙한 성도로 성장하길 바랐습니다.

그는 하나님 아버지의 마음으로
죽어가는 영혼들을 살리기 위해 복음을 전했습니다.

교회를 막 세운 데살로니가 성도는
환난 중에도 담대히 복음을 전하는
바울의 삶을 본받으며
다른 교회에 본이 될 수 있었습니다.

우리도 이 '복음의 열정'을 본받길 원합니다.
나의 신앙이 같은 자리에 머무르지 않고,
복음의 기쁜 소식을 내 안에 가두지 않기를.
나를 통해 말씀이 선포되는 곳마다
성령의 역사가 일어나길 기도하십시오.

나의 묵상 ————————————————————

우리의 소망이나 기쁨이나
자랑의 면류관이 무엇이냐
그가 강림하실 때
우리 주 예수 앞에 너희가 아니냐

1 이러므로 우리가 참다 못하여 우리만 아덴에 머물기를 좋게 생각하고

2 우리 형제 곧 그리스도의 복음을 전하는 하나님의 일꾼인 디모데를 보내노니
이는 너희를 굳건하게 하고 너희 믿음에 대하여 위로함으로

3 아무도 이 여러 환난 중에 흔들리지 않게 하려 함이라
우리가 이것을 위하여 세움 받은 줄을 너희가 친히 알리라

4 우리가 너희와 함께 있을 때에 장차 받을 환난을 너희에게 미리 말하였는데
과연 그렇게 된 것을 너희가 아느니라

5 이러므로 나도 참다 못하여 너희 믿음을 알기 위하여 그를 보내었노니
이는 혹 시험하는 자가 너희를 시험하여 우리 수고를 헛되게 할까 함이니

6 지금은 디모데가 너희에게로부터 와서 너희 믿음과 사랑의 기쁜 소식을
우리에게 전하고 또 너희가 항상 우리를 잘 생각하여 우리가 너희를
간절히 보고자 함과 같이 너희도 우리를 간절히 보고자 한다 하니

7 이러므로 형제들아 우리가 모든 궁핍과 환난 가운데서
너희 믿음으로 말미암아 너희에게 위로를 받았노라

8 그러므로 너희가 주 안에 굳게 선즉 우리가 이제는 살리라

9 우리가 우리 하나님 앞에서 너희로 말미암아 모든 기쁨으로 기뻐하니
너희를 위하여 능히 어떠한 감사로 하나님께 보답할까

10 주야로 심히 간구함은 너희 얼굴을 보고
너희 믿음이 부족한 것을 보충하게 하려 함이라

11 하나님 우리 아버지와 우리 주 예수는
우리 길을 너희에게로 갈 수 있게 하시오며

12 또 주께서 우리가 너희를 사랑함과 같이 너희도 피차간과 모든 사람에 대한 사랑이 더욱 많아 넘치게 하사

13 너희 마음을 굳건하게 하시고 우리 주 예수께서 그의 모든 성도와 함께 강림하실 때에 하나님 우리 아버지 앞에서 거룩함에 흠이 없게 하시기를 원하노라

데살로니가 4장
전서

하나님을 기쁘시게 하는 생활

1 그러므로 형제들아 우리가 끝으로 주 예수 안에서 너희에게 구하고 권면하노니 너희가 마땅히 어떻게 행하며 하나님을 기쁘시게 할 수 있는지를 우리에게 배웠으니 곧 너희가 행하는 바라 더욱 많이 힘쓰라

2 우리가 주 예수로 말미암아 너희에게 무슨 명령으로 준 것을 너희가 아느니라

3 하나님의 뜻은 이것이니 너희의 거룩함이라 곧 음란을 버리고

4 각각 거룩함과 존귀함으로 자기의 아내 대할 줄을 알고

5 하나님을 모르는 이방인과 같이 색욕을 따르지 말고

6 이 일에 분수를 넘어서 형제를 해하지 말라 이는 우리가 너희에게 미리 말하고 증언한 것과 같이 이 모든 일에 주께서 신원하여주심이라

7 하나님이 우리를 부르심은 부정하게 하심이 아니요 거룩하게 하심이니

8 그러므로 저버리는 자는 사람을 저버림이 아니요
   너희에게 그의 성령을 주신 하나님을 저버림이니라

9 형제 사랑에 관하여는 너희에게 쓸 것이 없음은 너희들 자신이
   하나님의 가르치심을 받아 서로 사랑함이라

10 너희가 온 마게도냐 모든 형제에 대하여 과연 이것을 행하도다
   형제들아 권하노니 더욱 그렇게 행하고

11 또 너희에게 명한 것같이 조용히 자기 일을 하고 너희 손으로 일하기를 힘쓰라

12 이는 외인에 대하여 단정히 행하고 또한 아무 궁핍함이 없게 하려 함이라

주의 강림과 죽은 자들의 부활

13 형제들아 자는 자들에 관하여는 너희가 알지 못함을 우리가 원하지 아니하노니
   이는 소망 없는 다른 이와 같이 슬퍼하지 않게 하려 함이라

14 우리가 예수께서 죽으셨다가 다시 살아나심을 믿을진대 이와 같이
   예수 안에서 자는 자들도 하나님이 그와 함께 데리고 오시리라

15 우리가 주의 말씀으로 너희에게 이것을 말하노니 주께서 강림하실 때까지
   우리 살아남아 있는 자도 자는 자보다 결코 앞서지 못하리라

16 주께서 호령과 천사장의 소리와 하나님의 나팔 소리로 친히 하늘로부터
   강림하시리니 그리스도 안에서 죽은 자들이 먼저 일어나고

17 그 후에 우리 살아남은 자들도 그들과 함께 구름 속으로 끌어 올려
   공중에서 주를 영접하게 하시리니 그리하여 우리가 항상 주와 함께 있으리라

18 그러므로 이러한 말로 서로 위로하라

1 형제들아 때와 시기에 관하여는 너희에게 쓸 것이 없음은

2 주의 날이 밤에 도둑같이 이를 줄을 너희 자신이 자세히 알기 때문이라

3 그들이 평안하다, 안전하다 할 그때에 임신한 여자에게 해산의 고통이
이름과 같이 멸망이 갑자기 그들에게 이르리니 결코 피하지 못하리라

4 형제들아 너희는 어둠에 있지 아니하매 그날이 도둑같이 너희에게
임하지 못하리니

5 너희는 다 빛의 아들이요 낮의 아들이라 우리가 밤이나 어둠에
속하지 아니하나니

6 그러므로 우리는 다른 이들과 같이 자지 말고 오직 깨어 정신을 차릴지라

7 자는 자들은 밤에 자고 취하는 자들은 밤에 취하되

8 우리는 낮에 속하였으니 정신을 차리고 믿음과 사랑의 호심경을 붙이고
구원의 소망의 투구를 쓰자

9 하나님이 우리를 세우심은 노하심에 이르게 하심이 아니요
오직 우리 주 예수 그리스도로 말미암아 구원을 받게 하심이라

10 예수께서 우리를 위하여 죽으사 우리로 하여금 깨어있든지 자든지
자기와 함께 살게 하려 하셨느니라

11 그러므로 피차 권면하고 서로 덕을 세우기를 너희가 하는 것같이 하라

권면과 끝인사

12 형제들아 우리가 너희에게 구하노니 너희 가운데서 수고하고
주 안에서 너희를 다스리며 권하는 자들을 너희가 알고

13 그들의 역사로 말미암아 사랑 안에서 가장 귀히 여기며 너희끼리 화목하라

14 또 형제들아 너희를 권면하노니 게으른 자들을 권계하며
마음이 약한 자들을 격려하고 힘이 없는 자들을 붙들어 주며
모든 사람에게 오래 참으라

15 삼가 누가 누구에게든지 악으로 악을 갚지 말게 하고
서로 대하든지 모든 사람을 대하든지 항상 선을 따르라

16 항상 기뻐하라

17 쉬지 말고 기도하라

18 범사에 감사하라 이것이 그리스도 예수 안에서
너희를 향하신 하나님의 뜻이니라

19 성령을 소멸하지 말며

20 예언을 멸시하지 말고

21 범사에 헤아려 좋은 것을 취하고

22 악은 어떤 모양이라도 버리라

23 평강의 하나님이 친히 너희를 온전히 거룩하게 하시고
또 너희의 온 영과 혼과 몸이 우리 주 예수 그리스도께서
강림하실 때에 흠 없게 보전되기를 원하노라

24 너희를 부르시는 이는 미쁘시니 그가 또한 이루시리라

25 형제들아 우리를 위하여 기도하라

26 거룩하게 입맞춤으로 모든 형제에게 문안하라

27 내가 주를 힘입어 너희를 명하노니 모든 형제에게 이 편지를 읽어주라

28 우리 주 예수 그리스도의 은혜가 너희에게 있을지어다

바울은 데살로니가 성도에게 말합니다.

"하나님을 기쁘시게 하라."
"죄악 된 욕망, 특히 성적인 욕망을 따르지 말라."
"성령을 따라 거룩한 삶을 살라."

세상은 자기만족과 쾌락을 추구합니다.
그러나 성도에겐 하나님이 주신 확실한 기준과
원리가 있음을 잊어서는 안 됩니다.
"내가 거룩하니 너희도 거룩하라" 하셨던
하나님 말씀을 기억해야 하지요.

우리가 입으로는 복음을 전하면서
바르게 살지 않는다면, 복음을 듣는 자들이
어떻게 하나님께 나아갈 수 있겠습니까?

믿지 않는 자들과 구별됨을 넘어서
하나님의 성품을 닮아가십시오.
말씀 앞에 바로 선 전도자가 되길 기도하십시오.

나의 묵상 ————————————————————

너희의 온 영과 혼과 몸이
우리 주 예수 그리스도께서 강림하실 때에
흠 없게 보전되기를 원하노라

데살로니가후서 2 Thessalonians

바른 종말적 삶에 대한 편지.
재림에 대한 바른 교훈에도 불구하고 데살로니가교회 성도 중에는
재림을 오해하는 자들이 있었는데,
데살로니가후서는 그들의 오해를 없애고자 보낸 바울의 편지이다.
따뜻한 애정보다는 준엄한 훈계조의 서신이다.
바울은 이 서신을 통해 종말을 사는 성도의 올바른 생활이
어떠해야 할지를 가르치고 있다.

원리적 교훈		실천적 권고
바울의 감사와 격려(1장)	바울의 교훈과 경고(2장)	바울의 실천적 권면(3장)
박해를 이기는 성도에게 감사 하나님의 복을 비는 기도	주의 재림의 징조 이단의 미혹을 주의할 것 적그리스도의 출현을 경계할 것	인내함으로 주를 기다리라 수고하며 선을 이루라

– 《포커스성경》(대한기독교서회) 발췌

형제들아
너희는 선을 행하다가 낙심하지 말라
살후 3:13

인사

1 바울과 실루아노와 디모데는 하나님 우리 아버지와 주 예수 그리스도 안에
있는 데살로니가인의 교회에 편지하노니

2 하나님 아버지와 주 예수 그리스도로부터 은혜와 평강이 너희에게 있을지어다

하나님의 공의로운 심판의 표

3 형제들아 우리가 너희를 위하여 항상 하나님께 감사할지니 이것이 당연함은
너희의 믿음이 더욱 자라고 너희가 다 각기 서로 사랑함이 풍성함이니

4 그러므로 너희가 견디고 있는 모든 박해와 환난 중에서 너희 인내와 믿음으로
말미암아 하나님의 여러 교회에서 우리가 친히 자랑하노라

5 이는 하나님의 공의로운 심판의 표요 너희로 하여금 하나님의 나라에 합당한
자로 여김을 받게 하려 함이니 그 나라를 위하여 너희가 또한 고난을 받느니라

6 너희로 환난을 받게 하는 자들에게는 환난으로 갚으시고

7 환난을 받는 너희에게는 우리와 함께 안식으로 갚으시는 것이
하나님의 공의시니 주 예수께서 자기의 능력의 천사들과 함께
하늘로부터 불꽃 가운데에 나타나실 때에

8 하나님을 모르는 자들과 우리 주 예수의 복음에
복종하지 않는 자들에게 형벌을 내리시리니

9 이런 자들은 주의 얼굴과 그의 힘의 영광을 떠나
영원한 멸망의 형벌을 받으리로다

10 그날에 그가 강림하사 그의 성도들에게서 영광을 받으시고 모든 믿는 자들에게서
놀랍게 여김을 얻으시리니 이는 (우리의 증거가 너희에게 믿어졌음이라)

11 이러므로 우리도 항상 너희를 위하여 기도함은
　우리 하나님이 너희를 그 부르심에 합당한 자로 여기시고
　모든 선을 기뻐함과 믿음의 역사를 능력으로 이루게 하시고
12 우리 하나님과 주 예수 그리스도의 은혜대로 우리 주 예수의 이름이
　너희 가운데서 영광을 받으시고 너희도 그 안에서 영광을 받게 하려 함이라

데살로니가 2장
후서

멸망하는 자들

1 형제들아 우리가 너희에게 구하는 것은 우리 주 예수 그리스도의 강림하심과
　우리가 그 앞에 모임에 관하여

2 영으로나 또는 말로나 또는 우리에게서 받았다 하는 편지로나
　주의 날이 이르렀다고 해서 쉽게 마음이 흔들리거나
　두려워하거나 하지 말아야 한다는 것이라

3 누가 어떻게 하여도 너희가 미혹되지 말라 먼저 배교하는 일이 있고
　저 불법의 사람 곧 멸망의 아들이 나타나기 전에는 그날이 이르지 아니하리니

4 그는 대적하는 자라 신이라고 불리는 모든 것과 숭배함을 받는 것에 대항하여
　그 위에 자기를 높이고 하나님의 성전에 앉아 자기를 하나님이라고 내세우느니라

5 내가 너희와 함께 있을 때에 이 일을 너희에게 말한 것을 기억하지 못하느냐

6 너희는 지금 그로 하여금 그의 때에 나타나게 하려 하여
　막는 것이 있는 것을 아나니

7 불법의 비밀이 이미 활동하였으나 지금은 그것을 막는 자가 있어
그중에서 옮겨질 때까지 하리라

8 그때에 불법한 자가 나타나리니 주 예수께서 그 입의 기운으로 그를 죽이시고
강림하여 나타나심으로 폐하시리라

9 악한 자의 나타남은 사탄의 활동을 따라 모든 능력과 표적과 거짓 기적과

10 불의의 모든 속임으로 멸망하는 자들에게 있으리니 이는 그들이
진리의 사랑을 받지 아니하여 구원함을 받지 못함이라

11 이러므로 하나님이 미혹의 역사를 그들에게 보내사 거짓 것을 믿게 하심은

12 진리를 믿지 않고 불의를 좋아하는 모든 자들로 하여금
심판을 받게 하려 하심이라

가르침을 받은 전통을 지키라

13 주께서 사랑하시는 형제들아 우리가 항상 너희에 관하여
마땅히 하나님께 감사할 것은 하나님이 처음부터 너희를 택하사
성령의 거룩하게 하심과 진리를 믿음으로 구원을 받게 하심이니

14 이를 위하여 우리의 복음으로 너희를 부르사
우리 주 예수 그리스도의 영광을 얻게 하려 하심이니라

15 그러므로 형제들아 굳건하게 서서 말로나 우리의 편지로
가르침을 받은 전통을 지키라

16 우리 주 예수 그리스도와 우리를 사랑하시고 영원한 위로와 좋은 소망을
은혜로 주신 하나님 우리 아버지께서

17 너희 마음을 위로하시고 모든 선한 일과 말에 굳건하게 하시기를 원하노라

데살로니가 3장
후서

우리를 위하여 기도하라

1 끝으로 형제들아 너희는 우리를 위하여 기도하기를
주의 말씀이 너희 가운데서와 같이 퍼져나가 영광스럽게 되고

2 또한 우리를 부당하고 악한 사람들에게서 건지시옵소서 하라
믿음은 모든 사람의 것이 아니니라

3 주는 미쁘사 너희를 굳건하게 하시고 악한 자에게서 지키시리라

4 너희에 대하여는 우리가 명한 것을 너희가 행하고 또 행할 줄을
우리가 주 안에서 확신하노니

5 주께서 너희 마음을 인도하여 하나님의 사랑과 그리스도의 인내에
들어가게 하시기를 원하노라

게으름을 경계하다

6 형제들아 우리 주 예수 그리스도의 이름으로 너희를 명하노니
게으르게 행하고 우리에게서 받은 전통대로 행하지 아니하는
모든 형제에게서 떠나라

7 어떻게 우리를 본받아야 할지를 너희가 스스로 아나니
우리가 너희 가운데서 무질서하게 행하지 아니하며

8 누구에게서든지 음식을 값없이 먹지 않고 오직 수고하고
애써 주야로 일함은 너희 아무에게도 폐를 끼치지 아니하려 함이니

9 우리에게 권리가 없는 것이 아니요 오직 스스로 너희에게 본을 보여
우리를 본받게 하려 함이니라

10 우리가 너희와 함께 있을 때에도 너희에게 명하기를
   누구든지 일하기 싫어하거든 먹지도 말게 하라 하였더니

11 우리가 들은즉 너희 가운데 게으르게 행하여 도무지 일하지 아니하고
   일을 만들기만 하는 자들이 있다 하니

12 이런 자들에게 우리가 명하고 주 예수 그리스도 안에서 권하기를
   조용히 일하여 자기 양식을 먹으라 하노라

13 형제들아 너희는 선을 행하다가 낙심하지 말라

14 누가 이 편지에 한 우리 말을 순종하지 아니하거든
   그 사람을 지목하여 사귀지 말고 그로 하여금 부끄럽게 하라

15 그러나 원수와 같이 생각하지 말고 형제같이 권면하라

축복

16 평강의 주께서 친히 때마다 일마다 너희에게 평강을 주시고
   주께서 너희 모든 사람과 함께하시기를 원하노라

17 나 바울은 친필로 문안하노니 이는 편지마다 표시로서 이렇게 쓰노라

18 우리 주 예수 그리스도의 은혜가 너희 무리에게 있을지어다

데살로니가교회의 성도 중에는
재림에 대한 잘못된 가르침 때문에
두려움에 떠는 이들이 있었습니다.

바울은 이런 왜곡된 가르침을 바로잡고
"진리의 말씀 위에 굳건하게 서서
지키라"라고 권면합니다.

오늘날에도 자신을 '재림주'로 주장하는 자들이 있습니다.
속지 마십시오. 늘 진리 가운데 거하십시오.

사단이 아무리 기승을 부려도
이 세상은 하나님의 주권 아래 있습니다.
영원하신 말씀을 굳게 붙드십시오.

"주님 약속하신 말씀 위에서 영원토록 주를 찬송하리라.
소리 높여 주께 영광 돌리며 약속 믿고 굳게 서리라.
굳게 서리. 영원하신 말씀 위에 굳게 서리.
굳게 서리. 그 말씀 위에 굳게 서리라"(새찬송가 546장).

나의 묵상 ────────────────────────────────

주께서 너희 마음을 인도하여
하나님의 사랑과 그리스도의 인내에
들어가게 하시기를 원하노라

쓰담쓰닮 바울서신 (개역개정)

초판 1쇄 발행	2021년 8월 13일
지은이	햇살콩(김나단, 김연선)
펴낸이	여진구
책임편집	김아진 정아혜
편집	이영주 기은혜 정선경 최현수 안수경 김도연 최은정
책임디자인	마영애 노지현 조아라 조은혜
기획홍보	김영하
마케팅	김상순 강성민 허병용
마케팅지원	최영배 정나영
제작	조영석 정도봉
경영지원	김혜경 김경희

303비전성경암송학교 유니게과정 박정숙 최경식
이슬비전도학교 / 303비전성경암송학교 / 303비전꿈나무장학회 여운학

펴낸곳	규장

주소 06770 서울시 서초구 매헌로 16길 20(양재2동) 규장선교센터
전화 02)578-0003   팩스 02)578-7332
이메일 kyujang0691@gmail.com   홈페이지 www.kyujang.com
페이스북 facebook.com/kyujangbook   인스타그램 instagram.com/kyujang_com
카카오스토리 story.kakao.com/kyujangbook
등록일 1978.8.14. 제1-22

ⓒ 저자와의 협약 아래 인지는 생략되었습니다.
이 출판물은 저작권법에 의해 보호를 받는 저작물이므로 무단 전재와 무단 복제를 할 수 없습니다.

책값 뒤표지에 있습니다.
ISBN 979-11-6504-230-1 04230
       979-11-6504-089-5 (세트)

규 | 장 | 수 | 칙

1. 기도로 기획하고 기도로 제작한다.
2. 오직 그리스도의 성품을 사모하는 독자가 원하고 필요로 하는 책만을 출판한다.
3. 한 활자 한 문장에 온 정성을 쏟는다.
4. 성실과 정확을 생명으로 삼고 일한다.
5. 긍정적이며 적극적인 신앙과 신행일치에의 안내자의 사명을 다한다.
6. 충고와 조언을 항상 감사로 경청한다.
7. 지상목표는 문서선교에 있다.

하나님을 사랑하는 자 곧 그의 뜻대로 부르심을 입은 자들에게는 모든 것이 合力하여 善을 이루느니라(롬 8:28)

규장은 문서를 통해 복음전파와 신앙교육에 주력하는 국제적 출판사들의
협의체인 복음주의출판협회(E.C.P.A:Evangelical Christian Publishers
Association)의 출판정신에 동참하는 회원(Associate Member)입니다.